ECHT
SÜSSES

Über 100 kreative Rezepte von Michaela Baur

INHALT

5_VORWORT

6_DAS WICHTIGSTE VORAB

8_ Die 8 häufigsten Fragen
10_Alles aus Zucker
12_Für Süße im Leben
14_Schmeckt wie früher
16_Glück aus dem Ofen
18_Zuckerbäckerei
20_ Fruchtig & cremig
24_Flüssige Süße

26_MEHLSPEISEN

50_GEBÄCK

74_KONFEKT

98_CREMIGES

124_FRUCHTIGES

148_GETRÄNKE

166_Register
168_Bildnachweis

Meine süße Küche

Ein Leben ohne Süßes? Für mich gar nicht vorstellbar. Bereits nach dem Aufwachen freue ich mich auf aromatische Früchte im Müsli oder eine selbst gemachte Marmelade. Das berüchtigte Nachmittagstief lässt sich so viel besser mit einer duftenden Tasse Kaffee und einem leckeren Gebäckstück überstehen. Und zu einem feinen Menü für Familie und Freunde gehört für mich immer auch ein süßer Abschluss.

Alles, was auf den Tisch kommt, ist natürlich selbst gemacht, denn nur so kenne ich die Zutaten und kann mir immer die beste Qualität aussuchen. So mache ich anderen eine Freude – und kann mich selbst über Komplimente freuen.

Deshalb genieße ich auch ohne schlechtes Gewissen. Denn bei Süßem werden nicht nur unsere Geschmacksnerven angesprochen, Genuss ist auch Kopfsache und damit gut für die Psyche. Das macht glücklich und zufrieden! Noch dazu bewahrt uns diese Zufriedenheit davor, Süßigkeiten im Übermaß zu konsumieren. Unterschätzen Sie also das bewusste Genießen nicht – und freuen Sie sich darauf, die Rezepte in diesem Buch auszuprobieren!

Ich wünsche Ihnen viele genussvolle und süße Momente im Leben, an die Sie sich immer gerne erinnern.

Michaela Baur

DAS WICHTIGSTE VORAB

1 Wie viel Zucker ist genug?

Fertigprodukte und Getränke enthalten oft sehr viel Zucker. Die von der WHO für einen Erwachsenen empfohlene Tagesmenge liegt bei 55 g Zucker pro Tag, also etwa 6 TL. Betrachten Sie Süßes wieder als Luxusgut und genießen Sie in Maßen … aber dafür in vollen Zügen.

2 Wann ist Karamell fertig?

Beim Karamellisieren wird der Zucker bei etwa 150 °C flüssig, bräunt nach einigen Sekunden und riecht herrlich nach Karamell. In diesem Moment muss man den Prozess durch Abkühlen stoppen. Hat man den perfekten Zeitpunkt verpasst, lieber nicht weiterverwenden: Das Karamell schmeckt dann bitter. > siehe S. 19

3 Schokolade in Grau?

Schokolade lagert man am besten bei einer Temperatur zwischen 13 und 18 °C, sonst bekommt sie einen grauen Belag. War es ihr zu warm, handelt es sich dabei um Fettreif. Bei zu kalter Lagerung wird der Zucker aus der Schokolade gelöst und es kommt zu Zuckerreif, sobald die Schokolade wieder warm wird.

4 Wie wird Schoko klumpenfrei flüssig?

Schokolade schmilzt man am besten im Wasserbad, denn wird sie heißer als 45 °C, dann klumpt sie. Übrigens badet die Metallschüssel dabei nicht im Wasser, sondern wird lediglich im entstehenden Wasserdampf warm. Das darf ruhig etwas dauern. Vorsicht: Gelangt Wasser in die Schokolade, gibt es ebenfalls Klumpen! > siehe S. 18

5 Und wenn was übrig bleibt?

Trockene Kuchenreste sind perfekt recyclebar: Für Trifle, Tiramisu oder andere Schicht-
cremes kann man den Biskuit damit einfach ersetzen. Alte Brötchen oder Hefegebäck
lassen sich zum Beispiel in Arme Ritter verwandeln oder für Scheiterhaufen verwenden.

6 Getränke – süß und gesund?

So bringen Sie Abwechslung ins Glas: Wasser mit oder ohne
Kohlensäure mit frischen Kräutern, Beeren, Gurken-, Apfel- oder
Ingwerscheiben aromatisiert genießen. > siehe S. 24

7 Wenn ich mal schnell Süßes will …?

… dann passen Rezepte wie Arme Ritter (S. 48), Pfannkuchen (S. 31) oder
Küchlein (S. 62). Nüsse oder getrocknete Früchte sind im Handumdrehen mit
Schokolade überzogen und schon haben Sie eine süße Knabberei (S. 80).

8 Was kann ich gut vorbereiten?

Wussten Sie, dass Hefeteig auch im Kühlen geht? Angerührt kann er über Nacht
ruhen und am nächsten Tag verarbeitet werden. Im Sommer ist ein Vorrat an
Granita perfekt – und Sirup hält gut verschlossen mehrere Wochen.

Alles aus Zucker

Für beinahe jede Verwendung gibt es den passenden Zucker: Kandis für den Tee, weißen und braunen Zucker für Backwerk und mit verschiedenen Aromen versetzt für raffinierte Desserts. Genau richtig für Naschkatzen.

1_WEISSER ZUCKER: kristallisierter und raffinierter (gereinigt, entfärbt) Zucker aus der Zuckerrübe

2_BRAUNER ZUCKER: leicht raffinierter und mit Rohrzuckersirup ummantelter Zucker aus der Zuckerrübe, schmeckt leicht malzig/karamellartig

3_AROMATISIERTE ZUCKER wie Lavendelzucker, Vanillezucker und Rosenzucker

4_WEISSER WÜRFELZUCKER: gepresster Kristallzucker mit jeweils 3 Gramm

5_BRAUNER WÜRFELZUCKER: gepresster brauner Zucker mit jeweils 3 Gramm

6_HAGELZUCKER: besteht aus angefeuchteten, zu Blöcken gepresstem Zucker, der grob zu Körnern zerstoßen wird

7_LIEBESPERLEN: gefärbte Kügelchen aus Zucker

8_PUDERZUCKER: feinst vermahlener raffinierter weißer Zucker

9_KANDISSTICKS: Zuckerkristalle aus konzentrierten Zuckerlösungen an Holzstäbchen

FÜR SÜSSE IM LEBEN

Süße Nahrungsmittel sind seit jeher beliebt –wer Maß hält, darf in vollen Zügen genießen!

1. SÜSSES IM WANDEL DER ZEIT

Süßes ist seit jeher beliebt. In früheren Zeiten wurden in unseren Breiten Speisen mit Honig oder Früchten bzw. eingedicktem Fruchtsaft gesüßt. Erste Importe von Zucker aus Zuckerrohr kennen wir aus römischer Zeit und noch einmal 1000 Jahre später kam Zucker mit den Kreuzfahrern nach Europa. Durch die Entdeckung Amerikas bekamen die Europäer nicht nur vermehrt Zugang zu Zucker(rohr), sondern auch zu Schokolade. Denn in Mittelamerika ist der Kakao heimisch, aus dem die Maya und Azteken ein bitteres Getränk brauten, das sie Xocolatl (bitteres Wasser) nannten. Über Spanien, Portugal und England fanden die begehrten Rohstoffe Eingang in den europäischen Markt. Bis in das 18. Jahrhundert waren Zucker und Kakao seltene und damit teure Luxusgüter. Erst mit neuen Anbau- und Verarbeitungstechniken und mit der Entdeckung der Gewinnung von Zucker aus der heimischen Zuckerrübe wurde aus den ehemals seltenen und hoch geschätzten Süßigkeiten billiges Allgemeingut. Auch für unser heutiges Leben ist es sinnvoll, Süßes als Luxus zu betrachten und süße Leckereien in Maßen, aber dafür in vollen Zügen zu genießen. Beim Genießen werden nicht nur unsere Geschmacksnerven angesprochen, Genuss ist auch Kopfsache. Im Gehirn findet das hauptsächlich über das Lustzentrum statt und wirkt sich damit positiv auf die Psyche aus. Wenn uns also etwas sehr schmeckt, sendet das Gehirn entsprechende Signale, die Zufriedenheit auslösen. Dieser Effekt kann vor dem Verzehr übermäßig großer Mengen schützen. Ist die Süßigkeit dann noch selbst gemacht, ist man doppelt zufrieden!

> *Zuckerrohr und brauner Zucker*

> *Kakaobohnen*

2. ZUCKERVIELFALT

Beim Einkaufen stoßen wir auf eine Vielzahl von Zuckerarten und Süßungsmitteln, chemisch betrachtet sind sie sich allerdings sehr ähnlich. Das heißt, die Wahl der Süßungsform ist abhängig von der Verwendung und der persönlichen Vorliebe. Feiner weißer Zucker eignet sich für feines Gebäck, mit Honig, Ahornsirup oder Agavendicksaft dagegen kann man wunderbar cremige Desserts süßen und ihnen einen feinen Geschmack verleihen. Fertigprodukte und Getränke enthalten oft sehr viel Zucker, und das meist, ohne dass man es vermutet. Selber machen ist daher immer eine gute Alternative. Hilfreich ist aber auch ein Blick auf die Zutatenliste und die Nährstoffangaben. Zucker kann in verschiedenen Bezeichnungen auf dem Etikett erscheinen, ein Hinweis ist die Endung -ose (z.B. Glukose, Dextrose, Fruktose, Galaktose, Maltose, Laktose, Saccharose), aber auch Maltodextrin oder Dicksaft dienen zur Süßung.

> *Zuckerrübe*

> *Zucker und seine Verwandten*

3. WIE ENTSTEHT ZUCKER?

In Deutschland wird Zucker aus dem Saft der Zuckerrübe gewonnen. Dabei wird der Saft der Zuckerrüben eingedickt, bis brauner Rohzucker und flüssige Melasse auskristallisieren. Der braune Rohzucker wird gereinigt, bis schließlich feinster, weißer Raffinadezucker entsteht, den wir als Haushaltszucker kaufen. Zuckerrüben werden in Deutschland seit über 200 Jahren angebaut und gedeihen in hiesigem Boden und Klima besonders gut. Erntezeit der braunen Rübe ist von September bis Dezember, in Fachkreisen nennt man diesen Zeitraum bis zur kompletten Verarbeitung der Rübe übrigens „Zuckerrübenkampagne". In anderen Erdteilen ist Zuckerrohr die Basis der Zuckerproduktion. Es wird ausgepresst und zu Sirup eingekocht, anschließend getrocknet und vermahlen. Dabei entsteht Vollrohrzucker, der einen karamellartigen Geschmack hat. Reinigt man den dunklen Vollrohrzucker, erhält man einen hellen Rohrohrzucker.

SCHMECKT WIE FRÜHER

Sie sind beliebt bei Alt & Jung und bei vielen fester Bestandteil im Repertoire – Mehlspeisen lassen bei so manchem leckere Kindheitserinnerungen wieder aufleben …

1. MEHLSPEISEN MIT GESCHICHTE

Mehlspeisen haben ihren Ursprung in der bayerischen und österreichischen Küche und haben sich v.a. in Wien etabliert. Darunter versteht man Süßspeisen, Gebäck und Kuchen, die als Haupt- oder Nachspeise serviert werden können. Entstanden sind viele Speisen als Fastengerichte in den Klöstern, denn während der Fastenzeit mussten die Gerichte ohne Fleisch auskommen, konnten aber auch herzhaft sein. Auch in der bäuerlichen Küche waren Mehlspeisen beliebt, da die Zutaten leicht verfügbar und günstig waren – und satt machen. In Deutschland versteht man unter Mehlspeisen Gerichte aus Mehl oder anderen Getreideprodukten wie Reis, Grieß oder altbackenem Brot. Mehlspeisen haben traditionell besonders in der bayerischen Küche Bedeutung. Ein paar besonders beliebte Beispiele:
Der *Schmarren*: Beim Schmarren beispielsweise wird zu Schnee geschlagenes Eiweiß unter den Teig gehoben, dadurch wird er luftiger. In der Pfanne wird der Teig während des Bratens in Stücke gerissen. Der *Strudel*: Für den Teig werden je nach Rezept Strudelteig, aber auch Quark- oder Kartoffelteig verwendet. Beispiele: Apfel-, Topfen-, Milchrahmstrudel. Das *Schmalzgebäck*: Gebäck das im Fett schwimmend ausgebacken wird, z.B. Krapfen/Berliner (Hefeteig mit Füllung), Apfelkücherl. Die *süßen Knödel/Klöße*: Runde Teigkugeln werden mit oder ohne Obst zu einem Knödel geformt und in heißem Wasser gegart. Als Teig kann ein Hefe-, Topfen-, Kartoffel- oder Brandteig verwendet werden. Die *Dampfnudeln* (auch Germknödel, Rohrnudeln oder Buchteln): Knödel aus Hefeteig (mit oder ohne Füllung).

> *Überall beliebter Klassiker: Kaiserschmarren*

> *Müssen erst heiß baden: Krapfen beim Ausbacken*

DAMPFNUDELN

1 Für den Vorteig ¼ l Milch erwärmen. Topf vom Herd nehmen, 25 g Hefe in der Milch auflösen und 2 TL Zucker hinzufügen.

2 500 g Mehl in eine Schüssel geben und eine kleine Mulde in die Mitte drücken. Hefemilch hineingießen, mit etwas Mehl verrühren. Die Schüssel mit Frischhaltefolie bedecken und den Vorteig an einem warmen Ort 15 Minuten gehen lassen.

3 Zwei Eier verquirlen und mit 2 EL Zucker und 1 Prise Salz unter den Vorteig rühren. 80 g weiche Butter hinzufügen. Mit den Knethaken des Handrührgeräts so lange kneten, bis ein glatter, elastischer Teig entstanden ist. Den Hefeteig zugedeckt nochmals etwa 45 Minuten gehen lassen, bis sich sein Volumen etwa verdoppelt hat.

4 Den Backofen auf 180 °C vorheizen. Den Teig mit den Händen auf der leicht bemehlten Arbeitsfläche kräftig durchkneten. Zu 4 bis 5 cm dicken Rollen formen und in gleichmäßige Stücke à etwa 5 cm schneiden. Jedes Teigstück zu einer glatten Kugel formen.

5 ¼ l Milch in einem flachen ofenfesten Topf (30 cm Durchmesser) mit 2 EL Zucker erwärmen. Je 3 EL Butter und Butterschmalz darin zerlassen, den Topf vom Herd nehmen. Teigkugeln mit der Nahtseite nach unten hineinsetzen und zugedeckt erneut 20 Minuten gehen lassen.

6 Den Topf auf den Herd stellen und die Dampfnudeln bei milder Hitze 8 bis 10 Minuten garen. Den Topf zugedeckt auf das Gitter in den Ofen stellen. Die Dampfnudeln etwa 35 Minuten backen. Den Topf zwischendurch nicht öffnen, damit die Dampfnudeln nicht zusammenfallen.

GLÜCK AUS DEM OFEN

Gebäck wirkt schon, bevor es auf der Zunge zergeht: Sobald sich herrlicher Duft in der Küche ausbreitet, versammeln sich alle Naschkatzen um den Ofen!

VIELFÄLTIGES MEHL

Mehl ist fein gemahlenes Getreide und besteht zum größten Teil aus Kohlenhydraten, hauptsächlich Stärke und Ballaststoffe. Besonders wichtig für die Backfähigkeit des Mehls ist das enthaltene Eiweiß (Gluten), das den Teig bei Wasserzugabe bindet und elastisch macht. Erhältlich sind Mehlsorten mit unterschiedlichen Typenzahlen. Dabei gilt generell: je höher die Typenzahl, desto höher ist der Schalenanteil und damit der Gehalt an Ballast- und Mineralstoffen. Um die Mehl-Typenzahl zu bestimmen, wird es zunächst bei 900 °C verbrannt. Das, was dann übrig bleibt, sind die Mineralstoffe, die im Mehl vorhanden waren. Die Typenzahl gibt die Mineralstoffmenge in mg pro 100 g Mehl an. Das Weizenmehl Type 405 enthält also in 100 g 405 mg Mineralstoffe. Bei Weizenmehl mit der Type 405 handelt es sich um ein stark ausgemahlenes Mehl, bei Type 1050 um Vollkornmehl. Weil sich zum Backen von Kuchen und Kleingebäck besonders das feine Mehl aus Weizen oder Dinkel eignet, ist die Type 405 am gebräuchlichsten. Da die äußeren Bestandteile vom Getreide herausgemahlen wurden, hat dieses Mehl eine sehr weiße Farbe, ist locker und besitzt eine sehr gute Backfähigkeit. Aber auch Weizenmehl Type 550 kann man zum Backen von Kuchen verwenden. Bei den Dinkelmehlsorten entspricht die Type 630 dem Weizenmehl 405. Mehlsorten mit niedriger Typenzahl bezeichnet man als „glatt". Halbgriffige, griffige oder doppelgriffige Mehlsorten sind gröber vermahlen und nehmen deshalb Flüssigkeit langsamer auf. Griffiges Mehl ist ideal für Teige, die elastisch sein sollen, beispielsweise für Strudel- oder Spätzleteige.

> *Erst die Ähre, dann das Korn und schließlich Mehl*

> *Mürbeteig aus Weizen-, Roggen- und Dinkelmehl*

KEIN GEBÄCK OHNE TEIG

Die Grundteige für Kuchen und Gebäck sind: **Hefeteig**: braucht etwas Zeit zum Gehen, kann aber vielseitig verarbeitet werden. **Blätterteig**: wird in mehreren Schritten mit viel Butter hergestellt. Das Ergebnis ist ein lockerer Teig, den man wunderbar süß oder salzig würzen bzw. füllen kann. **Mürbeteig**: wird ohne Lockerungsmittel zubereitet und ausgerollt. Daraus entstehen Kekse oder Böden für Torten, Kuchen und Tartes. **Biskuitteig**: Eigentlich handelt es sich eher um eine Masse als um einen Teig und er kommt ohne Butter aus. Biskuit ist luftig locker und besonders für Torten, Obstkuchen und zum Füllen als Roulade und natürlich für Tiramisu geeignet.

Brandteig: seine Luftigkeit erhält er von vielen Eiern, er kommt ohne Zucker aus und eignet sich deshalb besonders zum Füllen. Typische Zubereitungsart für Brandteig ist z.B. Spritzgebäck.

Rührteig: gelingt leicht, geht schnell und ist unglaublich vielseitig zu variieren.

SO GELINGT BISKUIT

1 In einer Schüssel 5 Eigelbe mit 1 EL Vanillezucker und 1 Msp. abgeriebener Bio-Zitronenschale in eine Schüssel geben. Die Eigelbe mit den Quirlen des Handrührgeräts so lange schlagen, bis die Mischung hellschaumig ist.

2 In einer zweiten Schüssel 5 Eiweiße mit 1 Prise Salz und 100 g Zucker zu steifem Schnee schlagen. Den Eischnee auf den Eigelbschaum geben und vorsichtig mit einem Holzlöffel unterheben.

3 100 g Mehl daraufsieben und ebenfalls unterheben. Den Teig dünn auf ein mit Butter eingefettetes und leicht mit Mehl bestäubtes Backblech streichen. Den Biskuit im auf 200 °C vorgeheizten Backofen auf der mittleren Schiene 12 bis 15 Minuten goldbraun backen. Diese Menge ist ausreichend für 1 Backblech (z.B. für eine Biskuitroulade) bzw. für 1 Springform (26 cm Durchmesser; z.B. für 2 Tortenböden).

Zuckerbäckerei

Konfekt ist das Kleinod unter den Süßigkeiten, denn der kleine Mundvoll Süße ist meist voller üppiger Zutaten, aber gleichzeitig ein echter Augenschmaus.

KUVERTÜRE SCHMELZEN: *im Wasserbad*

1 Die Kuvertüre mit einem großen Messer auf einem Schneidebrett in grobe Stücke hacken. So kann sie sich gleichmäßig im heißen Wasserbad auflösen.

2 Zwei Drittel der Kuvertüre in eine Metallschüssel geben. Die Kuvertüre unter Rühren mit dem Teigschaber im maximal 50 °C heißen Wasserbad langsam schmelzen.

3 Die Schüssel aus dem Wasserbad nehmen. Die restlichen Kuvertürestücke dazugeben und so lange rühren, bis sie sich aufgelöst haben.

4 Anschließend weiterverarbeiten, z.B. als Überzug für Kuchen oder für schokolierte Nüsse (siehe S. 80) oder Früchte.

Die Schüssel hängt nur im Dampf und bekommt keine „nassen Füsse"

KARAMELL KOCHEN: *flüssiger Zucker*

1 150 g Zucker mit 4 EL Wasser in einem Topf zum Kochen bringen. Köcheln lassen, bis das Wasser verdampft ist.

2 Während des Kochens mit einem in Wasser getauchten Pinsel öfter den Zuckerkristallrand von der Topfwand lösen.

3 Der Zuckersirup färbt sich nach und nach dunkler. Dieser Karamell eignet sich z.B. zum Eingießen in Förmchen.

BAISER: *luftig-leicht & zuckersüß*

1 Für das Baiser 3 Eier trennen. Das Eiweiß mit 1 Prise Salz und ½ TL Zitronensaft in eine saubere, trockene Schüssel geben.

2 Die Eiweiße mit den Quirlen des Handrührgeräts zu steifem Schnee schlagen, währenddessen 150 g Zucker einrieseln lassen. Je nach Wunsch für Gebäck oder Desserts weiterverarbeiten.

Baiservariationen finden Sie auf Seite 89

Fruchtig & cremig

*Sie sind echte Dessertklassiker: luftige Cremes aus Milch-
produkten oder saisonalem Obst. Aber wer sagt denn, dass
man dafür zuvor ein Menü braucht …?*

VON LEICHT BIS ÜPPIG: *Sauermilchprodukte*

niedriger Fettgehalt: Als Nebenprodukt bei der But-
terherstellung enthält die Buttermilch weniger als
1 % Fett. Bei Dickmilch und Joghurt wird die Milch durch
Milchsäurebakterien eingedickt. Der jeweilige Fettgehalt
hängt von der verwendeten Milch ab.

mittlerer Fettgehalt: Für saure Sahne, Schmand und
Crème fraîche wird Sahne durch Zugabe von Milchsäurebakterien zu einem stichfesten Sauermilchprodukt
mit einem Fettgehalt zwischen 10 und 30 %.

hoher Fettgehalt: Speisequark enthält maximal
40 % Fett. Ricotta (ital. Frischkäse) erhält seine Cremigkeit
durch die Zugabe von Frischmilch oder Sahne. Mascarpone ist ein Doppelrahmfrischkäse, der aus Sahne hergestellt wird und mit Säure eingedickt wird.

FÜR DEN NÖTIGEN HALT: *Alternativen zu Gelatine*

Agar Agar: wird aus Rotalgen gewonnen und geliert stär-
ker als Gelatine. Dickt nach dem Aufkochen schnell ein.

Pektin: pflanzlicher Ballaststoff, der meist aus Äpfeln
gewonnen wird. Bevor es geliert, muss es 2 bis 3 Minuten
kochen. Pektin ist auch in Einmachzucker enthalten.

Sago: Die gekörnte Stärke bindet ähnlich wie Lein-, Floh-
und Chiasamen: Die Kügelchen quellen in heißen Flüssig-
keiten auf und werden glasig. Beim Abkühlen binden sie.

VANILLEPUDDING: *einfach selbst gemacht*

1 800 ml Milch in einen Topf füllen, 5 EL davon abnehmen und mit 3 EL Speisestärke verrühren. 1 Vanilleschote längs aufschneiden und mit 80 g Zucker zur Milch in den Topf geben. Aufkochen und 10 Minuten köcheln lassen.

2 Drei Eier trennen. Die Vanilleschote wieder entfernen und die Vanillemilch zum Kochen bringen. Die angerührte Stärke unter Rühren zur kochenden Vanillemilch geben. Das Eigelb mit dem Schneebesen unterheben und den Topf vom Herd nehmen.

3 Das Eiweiß zu steifem Schnee schlagen und mit dem Schneebesen unterheben. Den Pudding abkühlen lassen.

CRÈME BRÛLÉE: *Zucker karamellisieren*

1 Zum Karamellisieren von Crème brûlée bestreut man die Creme dicht mit braunem Zucker und karamellisiert sie unter dem Backofengrill auf der obersten Schiene.

2 Wer einen Flambierbrenner besitzt, der kann die Zucker-schicht damit kurz abflammen.

Das Rezept für die Creme finden Sie auf Seite 109

MARINIERTE BEEREN

1

2

3

1 120 g Himbeeren verlesen, waschen, trocken tupfen und mit 1 bis 2 EL Zucker mischen. Einige Spritzer Zitronensaft darüberträufeln, mit dem Stabmixer pürieren und durch ein Sieb streichen.

2 500 g gemischte Beeren verlesen, waschen, eventuell putzen und trocken tupfen. Erdbeeren vierteln. Alle Beeren in einer Schüssel mischen.

3 Die Beeren mit dem Himbeermark mischen. Mit 1 bis 2 EL Puderzucker, nach Belieben Zitronensaft und 1 bis 2 EL Orangenlikör abschmecken. Die marinierten Beeren schmecken solo, man kann sie aber auch zu Zitronensorbet oder Vanilleparfait servieren. Oder anstelle von Kompott zu Mehlspeisen wie Kaiserschmarren oder zu Eis reichen.

FRUCHTIGE VARIANTEN

Frische reife Früchte der Saison schmecken natürlich am besten. Sollten Sie diese aber gerade nicht zu Hause haben, kann man auch auf tiefgefrorenes Obst oder eingemachte Früchte (Kompott) zurückgreifen.

Fruchtragout: Eine abgebundene Soße mit ganzen Früchten oder Fruchtstückchen wird als Früchte- oder Fruchtragout bezeichnet.

Marinierte Früchte: Frische Früchte kann man z. B. mit Sirup, Limettensaft oder Likör marinieren.

Fruchtpüree: pürierte und evtl. auch passierte Früchte, die mit Zucker und Gewürzen verfeinert werden.

ZITRONENSORBET: *fruchtige Erfrischung*

1 Drei Bio-Zitronen heiß waschen und trocken reiben. Die Schale fein abreiben. Die Zitronen halbieren und den Saft auspressen. Den Zitronensaft und -schale, 250 g Zucker und 350 ml Wasser in einem Topf 4 Minuten kochen.

2 Den Zitronensirup durch ein feines Sieb in eine Schüssel gießen und zugedeckt 5 Stunden in das Tiefkühlfach stellen.

3 Die Zitronenmasse dabei zwischendurch immer wieder herausnehmen, durchrühren und wieder kühl stellen. Das fast durchgefrorene Sorbet im Blitzhacker cremig mixen und nochmals 1 Stunde tiefkühlen.

Tipp: Sorbets kann man aus fast allen Früchten und Fruchtsäften zubereiten und mit frischen Früchten servieren, z.B. mit marinierten Beeren (siehe S. 22) oder Erdbeeren (siehe S. 146).

APRIKOSENSAUCE: *perfekte Obstverwertung*

1 400 g Aprikosen waschen, trocken tupfen, vierteln und entsteinen. Mit 3 EL Zucker und 3 EL Wasser in einer Auflaufform verteilen, 1 Zimtstange und 1 Vanilleschote darauflegen und im Ofen bei 180 °C 20 Minuten weich garen.

2 Die Gewürze wieder entfernen und die Aprikosen mit dem Stabmixer fein pürieren. Das Aprikosenpüree anschließend durch ein feines Sieb streichen, sodass keine Schalen mehr in der Sauce sind. So lässt sich auch anderes Obst wie Pfirsiche oder Himbeeren verarbeiten.

Flüssige Süße

Gerade industriell hergestellte Limonade und Fruchtmix-getränke enthalten oft unverhältnismäßig viel Zucker und Zusatzstoffe – da hilft nur selber machen!

FÜR HEISSE TAGE: *alkoholfrei*

Eistee wird aus schwarzem Tee, Zucker und Zitronensaft zubereitet. Geht aber auch aus grünem Tee, Früchtetee, Kräutertee und Roibuschtee mit Frucht(saft).

Fruchtsaft kann man mit einer Zitruspresse oder dem Entsafter aus verschiedenen Obstsorten gewinnen.

Smoothie ist ein sämiges Getränk aus pürierten Früchten. Zusätzlich kann es z.B. mit Milch angereichert werden.

Lassi ist vor allem in Indien beliebt. Halb Wasser, halb Joghurt, püriert mit Früchten und nach Belieben mit Zucker und Gewürzen wie Kardamom verfeinert.

FÜR LAUE NÄCHTE: *mit Schuss*

Bowle: Dieses Sommergetränk wird mit Wein, Früchten (Erdbeer, Pfirsich, etc.) und Kräutern (z.B. Waldmeister, Minze, etc.) oder Blüten (z.B. Rose, Gänseblümchen, Kapuzinerkresse, Löwenmäulchen, Holunder) zubereitet und mit Sekt oder einem anderen sprudeligen alkoholischen Getränk oder alternativ mit Mineralwasser aufgegossen.

Sangria: Eine Bowle, die typischerweise in Spanien und Portugal getrunken wird. Sie besteht aus Rotwein, Frucht-stücken (Zitrusfrüchte) und Fruchtsaft und kann auch mit Weinbrand angereichert werden.

Tipp: Aber natürlich dürfen auch Eiswürfel nicht fehlen. Zum Hingucker werden sie, wenn man Beeren oder Blüten (z.B. Gänseblümchen) mit einfriert.

FÜR KALTE TAGE: *Das wärmt von innen*

Kakao: Mit Sahne-, Kokos-, Eier- oder Kaffeelikör kann man Kaffee oder Kakao ebenso anreichern wie mit Sherry, Weinbrand, Amaretto oder Rum.

Saft: Apfelsaft, Holundersaft, Cranberry- oder Kirschsaft schmecken auch warm! Lässt sich mit Gewürzen wie Zimt oder Vanille verfeinern.

HOT & SPICY: *Tee und Gewürz*

Yogitee ist ein ayurvedischer Gewürztee, dessen Grundlage Zimt, Kardamom, Ingwer, Nelken sowie schwarzer Pfeffer ist.

Chaitee: Die Basis dieses Tees indischen Ursprungs ist ein starker Schwarztee mit verschiedenen Gewürzen wie Kardamom, Ingwer, Zimt, Nelken, Anis und verschiedenen anderen Gewürzen, die variieren können. Er wird klassisch mit Zucker und Milch genossen.

Kardamom gehört zur Familie der Ingwergewächse. Seine fruchtig-frische Schärfe harmoniert mit vielen Gewürzen, weshalb er sowohl für Süßes als auch für Salziges passt. Für leichtes Aromatisieren kann man die ganze Kardamomkapsel kurz mitziehen lassen und anschließend wieder entfernen. Zum feineren Dosieren die Schale der Kapseln aufritzen, die Samen herausholen und diese mit dem Mörser fein zerreiben. Weil sein Aroma an der Luft rasch verfliegt, sollte Kardamom erst kurz vor der Verwendung gerieben werden.

MEHLSPEISEN

Rohrnudeln
mit Vanillesauce

ZUTATEN FÜR 4 PERSONEN

Für die Rohrnudeln

110 g Zucker

30 g frische Hefe

½ l Milch

500 g Mehl

110 g Butter

2 Eier

½ TL Salz

Für die Vanillesauce

1 Vanilleschote

375 ml Milch

3 EL Sahne

Salz

60 g Zucker

3 Eigelb

Außerdem

Mehl für die Arbeitsfläche

ZUBEREITUNG // ● 35 min // ⧗ 2 h 30 min // ▭ 40 min

1 Für die Rohrnudeln den Vorteig zubereiten. Dafür 50 g Zucker in eine kleine Schüssel geben und die Hefe dazubröckeln. Die Hälfte der Milch lauwarm erwärmen, angießen und die Hefe darin unter Rühren auflösen. Das Mehl in eine Schüssel sieben und eine Mulde hineindrücken. Den Vorteig in die Mulde geben und zugedeckt etwa 1 Stunde an einem warmen Ort gehen lassen.

2 In einem kleinen Topf 80 g Butter zerlassen und mit den Eiern, 2 EL Zucker und dem Salz zum Mehl geben. Alles zu einem glatten Teig verkneten und den Hefeteig 1 weitere Stunde zugedeckt an einem warmen Ort gehen lassen.

3 Den Teig auf der bemehlten Arbeitsfläche kurz mit den Händen durchkneten und mit einem Löffel etwa 8 Portionen abstechen, zu Kugeln formen und mit einem Küchentuch bedeckt 30 Minuten gehen lassen.

4 Den Backofen auf 180 °C vorheizen. Die restliche Milch, die restliche Butter un den übrigen Zucker in einem großen flachen ofenfesten Topf oder einer ofenfesten Form aufkochen. Die Teigbällchen hineinsetzen, den Topf mit einem Deckel gut verschließen und die Rohrnudeln im Ofen auf der mittleren Schiene etwa 40 Minuten backen.

5 Für die Vanillesauce die Vanilleschote längs halbieren und das Mark herauskratzen. Milch, Sahne, Vanilleschote und -mark, 1 Prise Salz und den Zucker in einem kleinen Topf unter Rühren aufkochen und die Vanilleschote wieder entfernen.

6 Die Eigelbe in einer Metallschüssel verrühren und in ein heißes Wasserbad setzen. Die heiße Vanillemilch nach und nach unter ständigem Rühren mit dem Schneebesen hinzufügen, bis die Sauce bindet. Die Schüssel in ein kaltes Wasserbad setzen und die Vanillesauce kalt rühren. Die Rohrnudeln aus dem Ofen nehmen und mit der Vanillesauce servieren.

Buchteln
auf Erdbeersauce

ZUBEREITUNG // 🕐 35 min // ⏳ 50 min // 🍽 30 min

1 Für die Buchteln alle Zutaten mit 1 Prise Salz mit den Knethaken des Handrührgeräts in einer Rührschüssel zu einem glatten Teig verkneten. Den Hefeteig an einem warmen Ort zugedeckt etwa 30 Minuten gehen lassen, bis er sein Volumen etwa verdoppelt hat.

2 Für die Erdbeersauce die Erdbeeren waschen, putzen und klein schneiden. Mit dem Zucker und 1 EL Wasser mit dem Stabmixer pürieren. Eine Auflaufform einfetten und das Erdbeerpüree einfüllen.

3 Die Butter zerlassen. Den Teig auf der bemehlten Arbeitsfläche zu einer Rolle formen und in etwa 16 gleich große Portionen teilen. Die Teigportionen zu Kugeln drehen und mit der zerlassenen Butter bestreichen. Die Buchteln dicht nebeneinander in die Form auf die Erdbeersauce setzen. An einem warmen Ort zugedeckt nochmals 20 Minuten gehen lassen. Den Backofen auf 180 °C vorheizen.

4 Die Buchteln im Ofen auf der mittleren Schiene 30 Minuten goldbraun backen. Herausnehmen, mit Puderzucker bestäuben und sofort servieren.

ZUTATEN FÜR 4–6 PERSONEN

Für die Buchteln

¼ l lauwarme Milch · 500 g Mehl

75 g zerlassene Butter

1 Päckchen Trockenhefe

1 Ei · 50 g Zucker

1 Päckchen Vanillezucker

1 TL abgeriebene Bio-Zitronenschale

Salz

Für die Sauce

150 g Erdbeeren

1 EL Zucker

Außerdem

Butter für die Form

50 g Butter zum Bestreichen

Mehl für die Arbeitsfläche

Puderzucker zum Bestäuben

500 g Brombeeren

2 Vanilleschoten

150 g saure Sahne

500 g Sahnequark

125 g Zucker

3 EL Butter

2 Eier

250 g Buttermilch

200 g Mehl

1 TL Backpulver

Salz

3 EL Butterschmalz

Puderzucker zum Bestäuben

1–2 EL Akazienhonig

Pfannküchlein
mit Brombeerquark

ZUBEREITUNG // 🕐 40 min

1 Die Brombeeren verlesen, waschen und trocken tupfen. Die Vanilleschoten der Länge nach aufschneiden und das Mark mit einem Messer herauskratzen. Die saure Sahne, den Quark, das Vanillemark und 80 g Zucker verrühren. Die Brombeeren vorsichtig unter die Quarkmasse heben und kühl stellen.

2 Die Butter in einem Topf zerlassen und abkühlen lassen. Die Eier mit dem restlichen Zucker schaumig rühren. Die flüssige Butter und die Buttermilch unterrühren. Das Mehl mit dem Backpulver und 1 Prise Salz mischen und unter die Buttermilchmasse rühren.

3 Den Backofen auf 70 °C vorheizen. Das Butterschmalz in einer Pfanne portionsweise erhitzen. Mit einem Löffel kleine Mengen von dem Teig abnehmen und nach und nach etwa 12 kleine Küchlein backen. Fertige Pfannküchlein im Ofen warm halten.

4 Die warmen Pfannküchlein mit Puderzucker bestäuben und mit dem Akazienhonig beträufeln. Mit dem Brombeerquark servieren.

Kaiserschmarren
mit Apfelstrudeleis

ZUTATEN FÜR 4 PERSONEN

Für das Apfelstrudeleis

2 EL Rosinen

3–4 EL Rum

400 g Äpfel

Saft von ½ Zitrone

100 g Mandelblättchen (oder Mandelkrokant)

250 g halb gefrorene Sahne

2 EL Honig

100 g Puderzucker

Zimtpulver

Für den Kaiserschmarren

200 g Mehl · Salz

1 TL abgeriebene Bio-Zitronenschale

1 Päckchen Vanillezucker

400 ml Milch

1 Schuss Rum

4 Eier

1 Handvoll Rosinen

Außerdem

Puderzucker zum Bestäuben

ZUBEREITUNG // ⏱ 40 min // 🌙 12 h // ❄ 4 h 30 min

1 Am Vortag für das Apfelstrudeleis die Rosinen in einer Schale mit dem Rum bedecken und über Nacht ziehen lassen.

2 Am nächsten Tag die Äpfel vierteln, schälen und die Kerngehäuse entfernen. Die Äpfel mit dem Zitronensaft mischen und mindestens 4 Stunden im Tiefkühlfach gefrieren lassen, die Sahne die letzten 30 Minuten dazustellen. Die Mandeln in einer Pfanne ohne Fett unter häufigem Wenden goldbraun rösten. Die Mandeln aus der Pfanne nehmen und abkühlen lassen.

3 Die gefrorenen Äpfel im Küchenmixer auf höchster Stufe fein zerkleinern. Die Apfelmasse in einer Schüssel mit der halb gefrorenen Sahne gut verrühren. 2 EL Mandeln, Honig, Puderzucker, Rumrosinen, 1 Prise Zimtpulver und nach Belieben 1 Schuss Rum dazugeben und die Masse mit den Quirlen des Handrührgeräts cremig rühren. Das Apfelstrudeleis bis zum Servieren ins Tiefkühlfach stellen.

4 Für den Kaiserschmarren den Backofen auf 180 °C vorheizen und ein Backblech mit Backpapier belegen. Das Mehl mit 1 Prise Salz, der Zitronenschale und dem Vanillezucker in einer Schüssel mischen. Die Milch dazugeben und alles mit dem Schneebesen verrühren. Den Rum untermischen, dann die Eier nacheinander ganz kurz unterrühren.

5 Den Teig auf das Blech geben, glatt streichen und die Rosinen darauf verteilen. Den Teig im Ofen auf der mittleren Schiene 20 Minuten goldbraun backen, dabei eine Schale mit Wasser mit in den Ofen stellen.

6 Das Eis aus dem Tiefkühlfach nehmen. Den Kaiserschmarren herausnehmen, mit zwei Pfannenwendern in grobe Stücke reißen, mit Puderzucker bestäuben und auf Tellern anrichten. Mit dem Eisportionierer oder einem Esslöffel Eiskugeln formen und in den restlichen Mandelblättchen wenden. Das Apfelstrudeleis neben den Kaiserschmarren setzen. Nach Belieben mit Apfelspalten und Minze garnieren.

Topfenschmarren
mit Johannisbeeren

ZUBEREITUNG // 🕐 40 min

1 Für den Schmarren Mehl, Milch, Vanillemark und Zitronenschale glatt rühren. Dann die Eigelbe und den Topfen unterrühren.

2 Die Eiweiße mit 1 Prise Salz steif schlagen, nach und nach die Hälfte des Zuckers einrieseln lassen. Den Eischnee unter die Topfenmasse heben.

3 Den Backofengrill einschalten. Je 1 TL Butter in zwei kleinen ofenfesten Pfannen (24 bis 26 cm Durchmesser) zerlassen. Die Topfenschmarren-Masse darin verteilen und die Unterseite auf dem Herd hell anbräunen. Dann

nacheinander unter dem Grill auf der unteren Schiene 2 bis 3 Minuten goldbraun backen.

4 Herausnehmen und den Schmarren mit zwei Gabeln in mundgerechte Stücke reißen. Restliche Butter und restlichen Zucker hinzufügen und die Schmarren in den Pfannen unter Rühren auf dem Herd karamellisieren.

5 Für die Johannisbeeren die Butter zerlassen, mit Puderzucker bestäuben, die Johannisbeeren und die Orangenschale kurz darin erhitzen. Den Topfenschmarren mit den Beeren anrichten und mit Puderzucker bestäuben.

ZUTATEN FÜR 4 PERSONEN

Für den Topfenschmarren

100 g Mehl · ¼ l Milch

Mark von 1 Vanilleschote

1 TL abgeriebene Bio-Zitronenschale

4 Eigelb

100 g Topfen (abgetropfter Quark)

4 Eiweiß · Salz

70 g Zucker · 40 g Butter

Für die Johannisbeeren

1 EL Butter

1 EL Puderzucker

150 g Rote Johannisbeeren (gewaschen und von den Rispen gestreift)

1 Streifen Bio-Orangenschale

Außerdem

Puderzucker zum Bestäuben

700 g mehligkochende Kartoffeln
3 EL Mehl
1 TL Backpulver
125 ml Milch
6 Eier
Salz
1 TL Zucker
frisch geriebene Muskatnuss
100 g Himbeeren
2 EL Butterschmalz
Puderzucker zum Bestäuben
Ahornsirup

Kartoffel-Pancakes
mit Himbeeren

ZUBEREITUNG // 🕐 1 h

1 Die Kartoffeln schälen, waschen und etwa 25 Minuten weich garen. Kartoffeln abgießen, ausdampfen lassen und noch heiß durch die Kartoffelpresse in eine Schüssel drücken.

2 Das Mehl mit dem Backpulver mischen und über den Kartoffelschnee streuen. Die Milch mit den Eiern, 1 Prise Salz, dem Zucker und etwas Muskatnuss verquirlen und die Eiermilch unter die Kartoffelmasse rühren. Den Teig etwa 15 Minuten quellen lassen.

3 Den Backofen auf 75 °C vorheizen. Die Himbeeren verlesen, waschen und trocken tupfen.

4 Etwas Butterschmalz in einer beschichteten Pfanne erhitzen, ein paar Teigkleckse hineingeben und rund verstreichen. Bei schwacher Hitze goldgelbe Pancakes ausbacken, wenden und fertig backen. So weiterverfahren, bis der Teig aufgebraucht ist. Fertige Pancakes im Ofen warm halten, dann mit den Himbeeren, Puderzucker und Ahornsirup servieren.

Ofenschlupfer
mit Aprikosen und Vanillecreme

ZUTATEN FÜR 6 PERSONEN

Für den Ofenschlupfer

8 getrocknete Aprikosen

120 g Zucker

4 EL Aprikosenlikör

250 g Brioche (vom Vortag)

5 Orangen (davon 1 Bio)

50 g Mandelstifte

500 g Sahne

Mark von 1 Vanilleschote

7 Eier

Butter für die Förmchen

8–10 Minzeblättchen

Puderzucker zum Bestäuben

Für die Vanillecreme

Mark von 1 Vanilleschote

¼ l Milch

250 g Sahne

100 g Zucker

5 Eigelb

ZUBEREITUNG // 🕐 45 min // 🌙 1 h // 🍲 30 min

1 Für den Ofenschlupfer die Aprikosen in lauwarmem Wasser einweichen. 100 ml Wasser und 70 g Zucker sirupartig einkochen und dann abkühlen lassen. Die Aprikosen abgießen, abtropfen lassen. 4 Aprikosen in etwa ½ cm große Würfel schneiden, die restlichen Aprikosen vierteln und zum Anrichten beiseitelegen. Den Zuckersirup mit Aprikosenlikör und Aprikosenwürfeln mischen und etwa 1 Stunde marinieren.

2 Für die Vanillecreme das Vanillemark mit der Milch, 250 g Sahne und dem Zucker aufkochen. Die Eigelbe in einer Metallschüssel mit etwa 5 EL der Sahnemischung verrühren und in ein heißes Wasserbad setzen. Die restliche Vanillesahne unterrühren und die Creme dick-cremig einkochen. Vom Herd nehmen, die Creme durch ein feines Sieb passieren und kühl stellen.

3 Für den Ofenschlupfer die Brioche in etwa 2 große Würfel schneiden. Die Bio-Orange heiß waschen, trocken reiben und etwas Schale fein abreiben. Dann alle Orangen so großzügig schälen, dass auch die weiße Haut mit entfernt wird. Die Orangenfilets zwischen den Trennhäuten herausschneiden, den Saft dabei auffangen. Zwei Drittel der Orangenfilets in etwa 1 cm große Stücke schneiden.

4 Den Backofen auf 220 °C vorheizen. Die Mandelstifte in einer Pfanne ohne Fett rösten. Mit den gewürfelten Orangenfilets, der Orangenschale und den eingelegten Aprikosenwürfeln mischen. Die Sahne, den restlichen Zucker, das Vanillemark und die Eier mit dem Schneebesen gut verrühren und durch ein Sieb passieren. Briochewürfel und Fruchtmasse untermischen.

5 Die Masse etwa 3 cm hoch in sechs leicht gebutterte, ofenfeste Formen (6 cm hoch, 10 cm Durchmesser) füllen und im Ofen auf der mittleren Schiene etwa 30 Minuten goldbraun backen. Herausnehmen, abkühlen lassen und aus der Form lösen.

6 Die restliche Sahne steif schlagen und unter die abgekühlte Creme heben. Ofenschlupfer mit der Vanillecreme anrichten. Mit Aprikosenvierteln, den übrigen Orangenfilets und Minze garnieren und mit Puderzucker bestäuben.

Apfelkücherl
mit Konfitüre

ZUTATEN FÜR 4 PERSONEN

200 g Konfitüre (z.B. Aprikose,
Himbeer, Waldbeeren)
2 EL brauner Rum
3 säuerliche Äpfel
1 TL Zitronensaft
125 g Mehl
1 Ei
⅛ l helles Bier
1 EL weiche Butter
Salz
Öl zum Ausbacken
Zucker zum Wälzen und
Bestreuen

ZUBEREITUNG // ⏱ 35 min

1 Die Konfitüre mit 1 EL Rum verrühren. Die Äpfel schälen und
mit einem Apfelausstecher die Kerngehäuse entfernen. Das
Fruchtfleisch quer in etwa 1 cm dicke Ringe schneiden und sofort mit dem Zitronensaft und dem restlichen Rum beträufeln.

2 Das Mehl in einer Schüssel mit dem Ei glatt rühren. Dann das
Bier, die Butter und 1 Prise Salz unterrühren.

3 Das Öl in einem weiten Topf oder einer tiefen Pfanne erhitzen
(es ist heiß genug, wenn an einem hineingehaltenen Holzlöffel
kleine Bläschen aufsteigen).

4 Die Apfelringe in Zucker wälzen, mit einer Gabel in den Bier-
teig tauchen und im heißen Öl etwa 1 Minute backen. Die
Ringe wenden und die zweite Seite ebenfalls etwa 1 Minute
knusprig und goldbraun backen. Herausnehmen und auf Küchenpapier abtropfen lassen. Mit Zucker bestreuen und mit der
Konfitüre servieren.

Zwetschgenknödel
mit Vanillesauce

ZUTATEN FÜR 4 PERSONEN

700 g mehligkochende Kartoffeln
4 EL zimmerwarme Butter
160 g Mehl
60 g Hartweizengrieß · 1 Eigelb
Salz · 12 Zwetschgen
12 Stück Würfelzucker
3 EL Sahne · 375 ml Milch
Mark von 1 Vanilleschote
3 Eigelb · 100 g Zucker
100 g Weißbrotbrösel
80 g Butter
1 TL Vanillezucker
abgeriebene Schale von
je ½ Bio-Orange und -Zitrone

ZUBEREITUNG // 🕐 50 min

1   Die Kartoffeln waschen und garen. Abgießen, abdampfen und
etwas abkühlen lassen. Pellen und durch die Kartoffelpresse
drücken. Die Butter, das Mehl, den Grieß, das Eigelb und 1 Prise
Salz dazugeben und alles zu einem glatten Teig verkneten.

2   Die Zwetschgen waschen, etwas aufschneiden, entsteinen und
die Würfelzuckerstücke in die Zwetschgen drücken. Den Teig
ausrollen und 12 Kreise (10 cm Durchmesser) ausstechen. Je
1 Zwetschge mit einem Teigkreis zu einem Knödel formen.

3   Für die Sauce Sahne, Milch und Vanillemark aufkochen. Die
Eigelbe mit 50 g Zucker verquirlen und die Vanillesahne unterrühren. Die Masse über einem heißen Wasserbad sämig aufschlagen und dann kühl stellen.

4   Reichlich Salzwasser zum Kochen bringen und die Knödel im
leicht siedenden Wasser offen etwa 10 Minuten ziehen lassen.
Die Weißbrotbrösel in der Butter leicht anrösten. Restlichen
Zucker, Vanillezucker und Zitrusschalen untermischen. Die ab-
getropften Knödel darin wälzen. Mit der Vanillesauce servieren.

Topfenknödel
mit Aprikosenröster

ZUTATEN FÜR 8 PERSONEN

Für die Knödel

120 g Butter

100 g Puderzucker

1 ½ Päckchen Vanillezucker

Salz

abgeriebene Schale von
je 1 Bio-Zitrone und -Orange

3 Eigelb

3 Eier

300 g Weißbrot

800 g Magerquark

Für den Aprikosenröster

1 kg Aprikosen (ersatzweise
Zwetschgen oder Mirabellen)

250 g Zucker

Saft und Schale von 1 Bio-
Zitrone

1 Zimtstange

1 Vanilleschote

Außerdem

500 g Weißbrotbrösel

100 g Puderzucker

ZUBEREITUNG // 🕐 40 min // ❄ 2 h

1 Für die Knödel die Butter und den Puderzucker in einer Schüssel mit den Quirlen des Handrührgeräts schaumig rühren. Den Vanillezucker, 1 Prise Salz, die Zitronen- und die Orangenschale hinzufügen und alles gut verrühren. Nach und nach zuerst die Eigelbe und dann die Eier unterrühren.

2 Das Weißbrot entrinden und in Würfel schneiden. Den Quark und das Brot unter die Butter-Ei-Masse rühren. Den Teig zugedeckt 2 Stunden in den Kühlschrank stellen und alle 30 Minuten gut durchrühren.

3 Für den Aprikosenröster den Backofen auf 120 °C vorheizen. Die Aprikosen kreuzweise einritzen, überbrühen, abschrecken, häuten, vierteln und entsteinen. Die Aprikosen in einem Bräter mit dem Zucker und dem Zitronensaft mischen. Die Zitronenschale. den Zimt und die Vanilleschote dazugeben. Den Bräter mit Alufolie dicht verschließen und die Aprikosen im Ofen auf der mittleren Schiene etwa 40 Minuten weich garen. Zimt, Zitronenschale und Vanilleschote wieder entfernen. Den Aprikosenröster heiß in vorbereitete Weckgläser abfüllen.

4 Die Weißbrotbrösel und den Puderzucker mischen und in einer Pfanne ohne Fett bei schwacher Hitze unter gelegentlichem Rühren goldgelb rösten. Herausnehmen und abkühlen lassen.

5 Reichlich leicht gesalzenes Wasser in einem großen Topf zum Sieden bringen. Aus der Quarkmasse mit angefeuchteten Händen etwa 16 Klöße formen und in das Wasser geben. Das Wasser aufkochen, den Topf vom Herd nehmen und die Klöße zugedeckt 12 bis 16 Minuten ziehen lassen.

6 Die Klöße mit dem Schaumlöffel herausnehmen, kurz abtropfen lassen und in den gerösteten Zuckerbröseln wälzen. Mit dem Aprikosenröster auf Teller verteilen und servieren.

Mein Lieblingsrezept für...
Mehlspeisen

QUARKNOCKEN MIT ZIMTBRÖSELN

🕐 40 min // ❄ 30 min // Für 4 Personen

1 Für die Quarknocken ½ Bio-Zitrone heiß waschen, die Schale fein abreiben. Die Schale mit 100 g Magerquark, 1 Ei, 1 EL Butter, 1 Msp. Vanille und 2 EL Zucker verrühren. 1 EL Mehl und 50 g Hartweizengrieß unterrühren. Den Teig 30 Minuten quellen lassen.

2 Reichlich Wasser aufkochen und 1 EL Zucker dazugeben. Aus dem Teig mit zwei Löffeln Nocken formen und im siedenden Wasser etwa 8 Minuten ziehen lassen. Die Nocken mit dem Schaumlöffel herausheben.

3 Für die Zimtbrösel 3 EL Weißbrotbrösel, 1 TL Zimt und 2 EL Puderzucker mischen und in 1 EL zerlassener Butter anbräunen.

4 Für das Kirschkompott 1 gehäuften EL Puderzucker karamellisieren. 200 g TK-Kirschen, Mark von ½ Vanilleschote, 1 Zimtstange und 1 Sternanis dazugeben. 1 TL Speisestärke mit etwas kaltem Wasser anrühren und unterrühren. Das Kompott etwas köcheln lassen.

5 Die Quarknocken mit dem Kirschkompott und den Zimtbrösel servieren.

Apfelstrudel
mit Rosinen

ZUBEREITUNG // 🕐 1 h // ⧗ 30 min // ▤ 25 min

1 Für den Teig das Mehl in eine Schüssel sieben, das Salz dazugeben und in die Mitte eine Mulde drücken. Öl, Eigelbe und 150 ml lauwarmes Wasser dazugeben und alles zu einem glatten Teig verkneten. Teig zu zwei Kugeln formen, mit Öl bestreichen und in Frischhaltefolie gewickelt 30 Minuten ruhen lassen.

2 Die Äpfel vierteln, schälen, die Kerngehäuse entfernen und die Viertel in Stücke schneiden. Die Äpfel mit dem Zitronensaft beträufeln und mit Zucker, Zimt, Mandeln und Rosinen mischen. Den Backofen auf 200 °C vorheizen. Eine ofenfeste Form einfetten.

3 Eine Teigkugel mit Mehl bestäuben und mit dem Nudelholz auf einem bemehlten Tuch ausrollen. Den Teig über die Handrücken hauchdünn ausziehen und mit Butter bestreichen. Die Hälfte der Füllung auf einer Längsseite nicht ganz bis zum Rand verteilen.

4 Den Strudel mithilfe des Tuchs aufrollen, dabei die Teigenden nach unten einklappen. Den Strudel mit der Naht nach unten in die Form legen. Den zweiten Strudel ebenso herstellen, in die Form legen. Die Strudel mit der restlichen Butter bestreichen und im Ofen auf der mittleren Schiene 25 Minuten backen.

ZUTATEN FÜR 2 STRUDEL

Für den Strudelteig

300 g Mehl

1 Msp. Salz

4 EL Öl

2 Eigelb

Für die Füllung

1½ kg säuerliche Äpfel (z. B. Boskop)

Saft von 1 Zitrone

60 g Zucker

1 TL Zimtpulver

50 g gemahlene Mandeln

60 g Rosinen

50 g zerlassene Butter

Außerdem

Butter für die Form

Mehl zum Ausrollen

Puderzucker zum Bestäuben

ZUTATEN FÜR 20 KRAPFEN

Für den Hefeteig
500 g Mehl
1 Würfel Hefe (42 g)
170 ml Milch
2 Eier
2 Eigelb
40 g Zucker
60 g Butter
Salz
Mark von ½ Vanilleschote

Für die Füllung
300 g Erdbeerkonfitüre
1 Eiweiß

Außerdem
Mehl für die Arbeitsfläche
Öl zum Frittieren
100 g Zucker zum Wälzen

Krapfen
mit Erdbeerfüllung

ZUBEREITUNG // 🕐 40 min // ⧗ 45 min

1 Wie auf S. 15 (Step 1 bis 3) beschrieben, einen Hefeteig zubereiten und gehen lassen.

2 Den Teig nochmals durchkneten und auf der Arbeitsfläche mit dem Nudelholz zu einer etwa ½ cm dicken Platte ausrollen. Aus der Platte mit einem runden Ausstecher oder einem Glas 40 Kreise von 7 cm Durchmesser ausstechen. Die Teigkreise auf ein mit Mehl bestäubtes Tuch legen. Mit einem weiteren Tuch bedecken und 15 Minuten gehen lassen.

3 Das Öl in einem weiten Topf auf 170 °C erhitzen. In die Hälfte der Teigkreise eine kleine Vertiefung in die Mitte drücken und jeweils einen Klecks Erdbeerkonfitüre hineingeben. Das Eiweiß verquirlen, den Rand der gefüllten Teigkreise damit bestreichen, jeweils einen leeren Teigkreis darauflegen und am Rand andrücken.

4 Die Krapfen portionsweise in das heiße Öl geben und etwa 2 Minuten backen. Wenden und weitere 2 Minuten backen. Mit dem Schaumlöffel herausnehmen, auf Küchenpapier abtropfen lassen und noch warm im Zucker wälzen.

Reisauflauf
mit Zwetschgen

1 l Milch

Salz

Schale von ½ Bio-Zitrone

200 g Milchreis

Butter für die Form

400 g Zwetschgen

4 Eier

100 g Zucker

1 TL Zimtzucker

ZUBEREITUNG // ⏱ 20 min // 🔥 1 h 15 min

1 Die Milch in einem großen Topf mit 1 Prise Salz und der Zitronenschale aufkochen. Den Reis darin zugedeckt bei schwacher Hitze etwa 45 Minuten quellen lassen.

2 Den Backofen auf 180 °C vorheizen. Eine Auflaufform einfetten. Die Zwetschgen waschen, halbieren und entsteinen. Die Zwetschgenhälften jeweils bis zur Mitte einschneiden.

3 Die Eier trennen. Die Eiweiße mit 2 EL Zucker und 1 Prise Salz zu steifem Schnee schlagen. Die Eigelbe mit dem restlichen Zucker schaumig schlagen.

4 Die Eiercreme mit dem Reis mischen, den Eischnee unterheben und alles in der Auflaufform verteilen. Dachziegelartig mit den Zwetschgen belegen und mit dem Zimtzucker bestreuen.

5 Den Reisauflauf im Ofen auf der mittleren Schiene etwa 30 Minuten backen.

TIPP *Als Milchreis eignet sich jeder Rundkornreis. Die großen Körner nehmen Flüssigkeit besonders gut auf und bekommen eine weich-cremige Konsistenz.*

Arme Ritter
mit Kokosraspeln

1 Die Eier mit der Milch und 1 Prise Zimtpulver in einer Schüssel verquirlen. Die Brotscheiben hineinlegen und 1 bis 2 Minuten ziehen lassen.

2 Etwas Butter in einer Pfanne erhitzen. Die Brotscheiben mit einer Gabel in der Eiermilch wenden, herausnehmen und portionsweise in der Pfanne bei mittlerer Hitze auf beiden Seiten goldbraun braten.

3 Die armen Ritter herausnehmen und auf Küchenpapier abtropfen lassen. Auf Tellern anrichten, mit Puderzucker bestäuben und mit Kokosraspeln bestreuen. Nach Belieben frische Beeren, ein Kompott und/oder Vanilleeis dazu reichen.

ZUTATEN FÜR 4 PERSONEN

2 Eier

200 ml Milch

Zimtpulver

8 Scheiben Weißbrot (ersatzweise Rosinenbrot oder Hefezopf; 1–2 Tage alt)

3 EL Butter

Puderzucker zum Bestäuben

2 EL Kokosraspel

Scheiterhaufen
mit Zimt und Zucker

ZUBEREITUNG // ⏱ 25 min // ≣ 1 h

1 Eiermilch: Alle Zutaten mit dem Stabmixer verrühren und durch ein feines Sieb gießen.

2 Scheiterhaufen: Hefezopf in ½ cm dicke Scheiben schneiden. Die Butter portionsweise in einer Pfanne zerlassen und die Hefezopfscheiben darin nacheinander bei schwacher Hitze goldbraun braten.

3 Apfelscheiben: Äpfel schälen, entkernen und in ½ cm dicke Scheiben schneiden. Die Apfelscheiben in zerlassener Butter mit Zimtzucker und Zitronensaft bei schwacher Hitze auf beiden Seiten 2 bis 3 Minuten braten.

4 Den Backofen auf 170 °C vorheizen. Die Hefezopfscheiben mit den Apfelscheiben und den Rumrosinen abwechselnd in gefettete ofenfeste Tassen oder Gläser schichten, dabei mit den Zopfscheiben beginnen und abschließen. Den Hefezopf, falls nötig, in passende Stücke brechen. Zwischendurch immer wieder etwas Eiermilch dazugießen.

5 Den Scheiterhaufen im Ofen auf der mittleren Schiene etwa 1 Stunde backen. Herausnehmen und etwas abkühlen lassen. Den Scheiterhaufen in den Tassen servieren und übrige gebratenen Apfelringe dazu reichen.

GEBÄCK

Mein Lieblingsrezept für...
Gebäck

BLÄTTERTEIGSCHNECKEN MIT RICOTTAFÜLLUNG

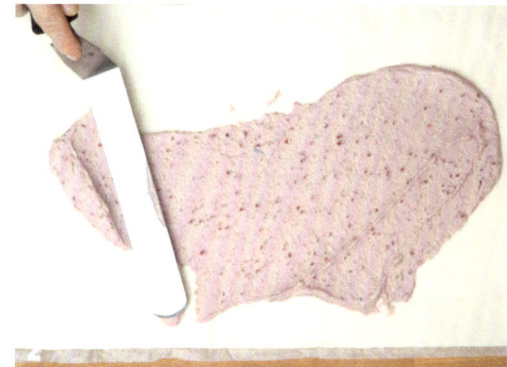

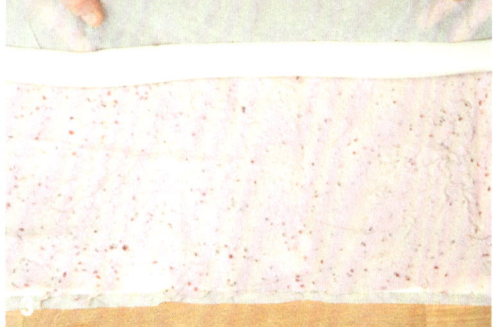

🕐 15 min // ❄ 30 min // ▤ 20 min // Für 4 Personen

1 Für die Füllung 1 Bio-Zitrone heiß waschen und die Schale fein abreiben. Die Zitronenschale in einer Schüssel mit 200 g Ricotta, 1 Ei und 150 g Himbeerkonfitüre verrühren.

2 1 Rolle frischen Blätterteig (275 g; aus dem Kühlregal) auf Backpapier auf der Arbeitsfläche ausrollen. Den Teig dünn und gleichmäßig mit der Füllung bestreichen.

3 Den Teig von der Längsseite her aufrollen. Die Blätterteigrolle etwa 30 Minuten ins Tiefkühlfach legen, damit sie gut zu schneiden ist.

4 Den Backofen auf 180 °C vorheizen. Die Blätterteigrolle herausnehmen und in ½ cm breite Scheiben schneiden. Die Scheiben auf ein mit Backpapier belegtes Backblech legen.

5 Die Blätterteigschnecken im Ofen auf der mittleren Schiene etwa 20 Minuten goldgelb backen. Abkühlen lassen und nach Belieben mit Puderzucker bestäuben.

Schweineöhrchen

mit rosa Kuvertüre

ZUBEREITUNG // ⏱ 25 min // ⌛ 30 min // 🍳 20 min

1 Die Blätterteigplatten, bis auf eine, mit zerlassener Butter bestreichen und aufeinanderlegen, mit der Platte ohne Butter abschließen. Blätterteig auf der bemehlten Arbeitsfläche zu einem Quadrat (30 × 30 cm) ausrollen und mit zerlassener Butter bestreichen. Zucker und Vanillezucker mischen. Den Teig mit der Hälfte des Zuckers bestreuen und von zwei gegenüberliegenden Seiten her fest bis zur Mitte hin zweimal einschlagen. Teigrolle in Frischhaltefolie wickeln und 30 Minuten kühl stellen.

2 Den Backofen auf 200 °C vorheizen. Vom Teig etwa ½ cm dicke Scheiben abschneiden und jeweils mit einer Schnittseite in den restlichen Zucker drücken. Mit der gezuckerten Seite nach oben auf ein mit Backpapier belegtes Backblech legen. Im Ofen auf der mittleren Schiene 15 bis 20 Minuten backen. Herausnehmen und abkühlen lassen.

3 Die Kuvertüre im heißen Wasserbad unter Rühren schmelzen. 3 bis 4 Tropfen Lebensmittelfarbe hinzufügen und so lange rühren, bis die Kuvertüre rosa ist. Die Schweineöhrchen mit den Enden in die Kuvertüre tauchen und auf Backpapier trocknen lassen.

ZUTATEN FÜR CA. 40 STÜCK

300 g Tiefkühl-Blätterteig
(in Scheiben; aufgetaut)
3 EL zerlassene Butter
Mehl für die Arbeitsfläche
80 g Zucker
1 Päckchen Vanillezucker
150 g gehackte weiße Kuvertüre
rote Lebensmittelfarbe (alternativ etwas
Rote-Bete-Saft oder Himbeersirup)

ZUTATEN FÜR 4 PERSONEN

Für den Weinsud

2–3 EL Puderzucker

300 ml trockener Weißwein

½ l Apfelsaft

1 Stück Zimtrinde

½ Vanilleschote

je 1 Streifen Bio-Zitronen- und

-Orangenschale

2–3 TL Speisestärke

Für das Gebäck

4 Eier · 100 g weiche Butter

Mark von 1 Vanilleschote

abgeriebene Schale von 1 Bio-Zitrone

80 g Zucker · 150 g Mehl

25 g Speisestärke

½ TL Backpulver · Salz

Öl zum Ausbacken

Versoffene Jungfern

Kleine Küchlein in Weinsud

ZUBEREITUNG // 35 min

1 Weinsud: Puderzucker in einen Topf sieben und bei schwacher Hitze hell karamellisieren. Mit Wein und dem Apfelsaft ablöschen, Zimt, Vanilleschote und Zitrusschalen hinzufügen. Die Speisestärke mit wenig kaltem Wasser glatt rühren und den Weinsud binden. Kurz bei schwacher Hitze köcheln lassen. Zimt, Vanilleschote und die Zitrusschalen wieder entfernen. Den Weinsud warm halten.

2 Gebäck: Die Eier trennen. Butter mit Vanillemark, Zitronenschale und 40 g Zucker hellschaumig rühren. Die Eigelbe unterrühren. Mehl, Stärke und Backpulver in eine Schüssel

sieben. Eiweiße mit dem restlichen Zucker und 1 Prise Salz steif schlagen und mit der Mehlmischung unter die Schaummasse heben.

3 Das Öl etwa 5 cm hoch in einer tiefen Pfanne erhitzen. Es ist heiß genug, wenn sich an einem hineingehaltenen Holzlöffelstiel Blasen bilden. Mit zwei angefeuchteten Löffeln Nocken aus der Teigmasse formen und im Öl bei mittlerer Hitze goldbraun backen. Herausheben und auf Küchenpapier abtropfen lassen.

4 Die Teignocken in tiefe Teller setzen und mit dem warmen Weinsud übergießen.

Zimtschnecken
mit Haselnüssen

ZUTATEN FÜR CA. 30 STÜCK

Für den Hefeteig

1 Würfel Hefe (42 g)

100 g Butter (oder Margarine)

150 ml Milch

500 g Mehl

Salz · 100 g Zucker

2 TL gemahlener Kardamom

1 Ei

Mehl zum Bestäuben und für die Arbeitsfläche

Für die Füllung

100 g Butter

200 g gemahlene Haselnüsse

100 g Zucker

2 TL Zimtpulver

150 ml Milch

ZUBEREITUNG // ⏱ 35 min // ▥ 15 min // ⧗ 55 min

1 Für den Hefeteig die Hefe in eine Schüssel bröckeln. Die Butter in einem Topf bei schwacher Hitze zerlassen. Die Milch dazugeben und beides auf etwa 37 °C (handwarm) erwärmen. Die Hefe in einem kleinen Teil der Flüssigkeit auflösen, 1 TL Mehl dazugeben und den Vorteig 15 Minuten gehen lassen.

2 Das restliche Mehl, die übrige Butter-Milch-Mischung, ½ TL Salz, den Zucker, den Kardamom und das Ei in die Schüssel zum Vorteig geben und alles zu einem glatten Teig verkneten. Den Teig mit Mehl bestäuben und zugedeckt an einem warmen Ort etwa 30 Minuten gehen lassen.

3 Für die Füllung die Butter zerlassen und mit den Haselnüssen, dem Zucker, dem Zimt und der Milch zu einer weichen Masse verrühren. Den Backofen auf 180 °C Umluft vorheizen. Zwei Backbleche mit Backpapier belegen. Den Hefeteig halbieren und auf der bemehlten Arbeitsfläche jeweils zu einem Quadrat von etwa 40 × 40 cm ausrollen.

4 Die Teigquadrate mit der Zimt-Nuss-Füllung bestreichen und jeweils von der Seite her dicht aufrollen. Jede Teigrolle in 15 etwa 2 ½ cm dicke Scheiben schneiden und mit etwas Abstand zueinander auf die Backbleche legen. Mit den Fingern nachformen und 10 Minuten gehen lassen. Die Zimtschnecken im Ofen etwa 15 Minuten goldbraun backen. Herausnehmen und auf einem Kuchengitter auskühlen lassen.

TIPP *Wenn es besonders schnell gehen soll, können Sie die Zimtschnecken auch aus Plunderteig zubereiten. Dafür benötigen Sie zwei Packungen bereits ausgerollten Plunderteig aus dem Kühlregal.*

Amerikaner
mit Zitronenglasur

ZUBEREITUNG // ⏱ 25 min // ▦ 15 min

1 Den Backofen auf 180 °C vorheizen. Ein Backblech mit Backpapier belegen. Für den Rührteig die Butter und den Zucker in einer Schüssel mit den Quirlen des Handrührgeräts rühren, bis sich der Zucker aufgelöst hat. Nacheinander die Eier dazugeben und die Masse schaumig rühren. Die Zitronenschale unterrühren.

2 Das Mehl mit der Speisestärke und dem Backpulver mischen, sieben und abwechselnd mit der Sahne unter die Eiermasse rühren.

3 Von dem Teig mit einem Esslöffel Portionen abnehmen und mit viel Abstand als Häufchen auf das Backblech setzen. Die Oberfläche etwas glatt streichen und die Amerikaner im Ofen auf der mittleren Schiene etwa 15 Minuten hell backen. Herausnehmen und auf dem Kuchengitter vollständig abkühlen lassen.

4 Für die Glasur den Puderzucker mit dem Zitronensaft verrühren. Die glatte Unterseite der Amerikaner damit bestreichen und den Guss trocknen lassen.

ZUTATEN FÜR CA. 8 STÜCK

Für den Teig

100 g weiche Butter

100 g Zucker

2 Eier

abgeriebene Schale von 1 Bio-Zitrone

200 g Mehl

100 g Speisestärke

2 TL Backpulver

4 EL Sahne

Für die Glasur

150 g Puderzucker

2 EL Zitronensaft

ZUTATEN FÜR 8 STÜCK

25 g weiche Butter
125 g Zucker · 1 Ei
330 g Mehl
1 Päckchen Backpulver
Salz · Zimtpulver
frisch geriebene Muskatnuss
125 ml Milch
Mehl für die Arbeitsfläche
Öl zum Ausbacken
Zucker zum Wälzen

Doughnuts
in Zuckerhülle

ZUBEREITUNG // 🕐 40 min

1 Die Butter mit dem Zucker und dem Ei in einer Schüssel schaumig rühren. Das Mehl mit Backpulver und je 1 Prise Salz, Zimt und Muskat mischen. Das Mehl und die Milch abwechselnd unter die Schaummasse rühren.

2 Den Teig auf der bemehlten Arbeitsfläche etwa 1 cm dick ausrollen. Mit einem Doughnut-Ausstecher Teigkreise ausstechen. Oder mit einem Glas oder Metallausstecher Kreise von 7 bis 8 cm Durchmesser ausstechen und jeweils einen kleinen Kreis von 3 cm Durchmesser aus der Mitte stechen, sodass Ringe entstehen. Den restlichen Teig wieder ver-

kneten, ausrollen und den Vorgang wiederholen, bis der Teig aufgebraucht ist. Die Teigkringel etwa 10 Minuten ruhen lassen.

3 Das Öl in einem großen Topf erhitzen. Es ist heiß genug, wenn sich an einem hineingehaltenen Holzlöffelstiel Blasen bilden. Die Doughnuts portionsweise im heißen Fett etwa 4 Minuten rundum goldbraun ausbacken. Mit einem Schaumlöffel herausheben und auf Küchenpapier abtropfen lassen. Die Doughnuts in Zucker wälzen und sofort servieren.

Brownies
mit Walnüssen

ZUTATEN FÜR CA. 20 STÜCK

Butter für die Form
100 g Zartbitterschokolade
125 g weiche Butter
125 g Zucker
Salz
2 Eier
100 g Mehl
½ TL Backpulver
1 TL Vanillezucker
150 g Walnüsse
Kakaopulver zum Bestäuben

ZUBEREITUNG // ⏱ 30 min // ▤ 30 min

1 Den Backofen auf 200 °C vorheizen. Eine quadratische Back-form (etwa 20 × 20 cm) einfetten. Die Schokolade hacken und in einer Schüssel im heißen Wasserbad unter Rühren schmelzen und etwas abkühlen lassen.

2 Die Butter, den Zucker und 1 Prise Salz in einer Schüssel mit den Quirlen des Handrührgeräts schaumig rühren, bis sich der Zucker aufgelöst hat. Nacheinander die Eier und die geschmol-zene Schokolade unterrühren.

3 Das Mehl, das Backpulver und den Vanillezucker in einer zweiten Schüssel mischen und auf die Butter-Schokoladen-Masse sieben. Die Walnüsse grob hacken und mit der Mehl-mischung unterrühren, bis ein glatter Teig entstanden ist.

4 Den Teig in die Backform füllen, glatt streichen und im Ofen auf der mittleren Schiene etwa 30 Minuten backen. Den Scho-kokuchen herausnehmen und etwa 5 Minuten ruhen lassen, dann auf ein Kuchengitter stürzen und vollständig abkühlen lassen. Zum Servieren in etwa 5 × 5 cm große Stücke schneiden und mit Kakaopulver bestäuben.

TIPP   *Für Brownies im American style verwendet man braunen Zucker anstelle von weißem Zucker. Ebenfalls „very american": statt Walnüssen Mini-Marshmallows unter den Teig mischen.*

Küchlein
mit Himbeeren

ZUBEREITUNG // 🕐 20 min // 🍴 25 min

1 Die Himbeeren verlesen und waschen. Von der
Milch 5 EL abnehmen und mit dem Vanillezucker aufkochen. Die Beeren – bis auf einige
zum Garnieren – hinzufügen und bei schwacher Hitze etwa 5 Minuten erwärmen. Vom
Herd nehmen und etwas abkühlen lassen.

2 Den Backofen auf 175 °C vorheizen. Das
Mehl mit dem Backpulver in einer Rührschüssel mischen. Den Zucker, das Ei, die
weiche Butter und die restliche Milch unterrühren. Die Himbeeren mit der Milch gut
untermischen.

3 Die Vertiefungen einer Mini-Königskuchen-
form oder eines Muffinblechs einfetten und
den Teig hineinfüllen. Im Ofen auf der mittleren Schiene etwa 25 Minuten backen.

4 Aus dem Backofen nehmen und 5 Minuten in
der Form ruhen lassen. Die Küchlein aus der
Form lösen und auf einem Kuchengitter abkühlen lassen. Mit den beiseite gelegten Himbeeren garnieren und nach Belieben mit Puderzucker bestäuben.

ZUTATEN FÜR CA. 12 STÜCK

300 g Himbeeren

125 ml Milch

2 Päckchen Vanillezucker

250 g Mehl

2 TL Backpulver

120 g Zucker

1 Ei

50 g weiche Butter

Fett für die Form

ZUTATEN FÜR CA. 50 STÜCK

Für den Teig

250 g weiche Butter

100 g Puderzucker

Salz

1 EL geriebene weiße Schokolade

1 Msp. Vanillemark

4 El Rosenwasser

2 Eigelb

350 g Mehl

Für den Guss

100 g Puderzucker

3 El Rosenwasser

Rosenkekse
mit Zuckerguss

ZUBEREITUNG // 🕐 20 min // 🍴 15 min

1 Den Backofen auf 175 °C vorheizen. Die Butter und den Puderzucker mit den Quirlen des Handrührgeräts cremig rühren, dabei 1 Prise Salz, die Schokolade, Vanille und das Rosenwasser dazugeben. Die Eigelbe nacheinander hinzufügen und das Mehl löffelweise unterrühren.

2 Den Teig in einen Spritzbeutel mit großer Sterntülle füllen. Den Teig in Tupfen auf ein mit Backpapier belegtes Blech spritzen. Im Ofen auf der mittleren Schiene etwa 15 Minuten backen.

3 Für den Guss den Puderzucker in einer Schüssel mit dem Rosenwasser zu einem dickflüssigen Guss anrühren.

4 Die Rosenkekse herausnehmen und kurz abkühlen lassen. Mit dem Zuckerguss bestreichen und trocknen lassen. Nach Belieben die Kekse noch mit einigen Rosenblättern garnieren und in Papierförmchen servieren.

Mini-Joghurtmuffins
mit Erdbeer-Rhabarber-Ragout

ZUTATEN FÜR 4 PERSONEN

Für die Muffins

35 g Pinienkerne

140 g Mehl

1 TL Backpulver

1 Ei · 40 g Zucker

4 EL Öl

3 cl Amaretto (ital. Mandellikör)

125 g Naturjoghurt

ca. 50 g weiße Schokolade

gemahlene Pistazienkerne
zum Bestreuen

Für das Ragout

600 g Rhabarber

1 Vanilleschote

10 g Ingwer

50 g flüssiger Honig

50 ml Erdbeersirup
(Fertigprodukt)

½ Bio-Limette

500 g Erdbeeren

Außerdem

2 EL Minzeblätter

ZUBEREITUNG // 🕐 35 min // ▦ 15 min

1 Für die Mini-Joghurtmuffins den Backofen auf 180 °C vorheizen. Die Pinienkerne fein hacken und mit dem Mehl und dem Backpulver mischen. Das Ei mit dem Zucker, dem Öl, dem Amaretto und dem Joghurt verrühren und nach und nach unter die Mehlmischung rühren.

2 Den Teig in einen Spritzbeutel mit Lochtülle füllen und auf etwa 28 Pralinenförmchen (aus Aluminium) verteilen. Dabei darauf achten, dass keine Luftblasen entstehen. Die Minimuffins im Ofen auf der mittleren Schiene etwa 15 Minuten goldbraun backen. Herausnehmen und auskühlen lassen.

3 Die weiße Schokolade grob hacken und in einer Metallschüssel im heißen Wasserbad schmelzen. Die Muffins damit bestreichen und mit den gemahlenen Pistazien bestreuen.

4 Für das Erdbeer-Rhabarber-Ragout den Rhabarber putzen, waschen, schälen und in 2 cm lange Stücke schneiden. Die Vanilleschote der Länge nach aufschneiden und das Mark herauskratzen. Den Ingwer schälen und fein reiben. Mit dem Honig, dem Erdbeersirup sowie Vanilleschote und -mark aufkochen. Die Rhabarberstücke dazugeben und 3 bis 4 Minuten darin garen – der Rhabarber sollte noch Biss haben. Rhabarber herausnehmen und den Sud sirupartig einkochen lassen.

5 Die Limette heiß waschen, trocken reiben und die Schale fein abreiben. Die Limette auspressen. Die Erdbeeren waschen, putzen und halbieren. Die Rhabarberstücke und den Sirup mit den Erdbeeren mischen. Mit Limettenschale und -saft abschmecken. Das Erdbeer-Rhabarber-Ragout auf Teller verteilen und mit der Minze garnieren. Die Mini-Joghurtmuffins daneben anrichten.

Katzenzungen
mit Schokolade

ZUBEREITUNG // 🕐 30 min // ▦ 10 min

1 Den Backofen auf 175 °C vorheizen. Ein Backblech mit Backpapier belegen. Die Butter mit dem Puderzucker, dem Vanillezucker, 1 Prise Salz und den Eiweißen in einer Schüssel mit den Quirlen des Handrührgeräts cremig rühren. Das Mehl darübersieben und alles zu einem glatten Teig verrühren.

2 Den Teig in einen Spritzbeutel mit glatter Lochtülle (1 cm Durchmesser) füllen und 5 bis 6 cm lange Streifen mit etwas dickeren Enden auf das Backblech spritzen. Dabei zwischen den Plätzchen etwas Abstand lassen.

Im Ofen auf der mittleren Schiene 8 bis 10 Minuten hell backen. Herausnehmen und die Plätzchen vollständig abkühlen lassen.

3 Die Kuvertüre hacken und in einer Schüssel im heißen Wasserbad unter Rühren schmelzen. Die Katzenzungen längs bis zur Hälfte in die Kuvertüre tauchen und auf einem Kuchengitter trocknen lassen. Die restliche Kuvertüre in einen Gefrierbeutel füllen, am unteren Ende eine kleine Ecke abschneiden und die Katzenzungen mit feinen Linien verzieren.

ZUTATEN FÜR CA. 45 STÜCK

125 g weiche Butter

125 g Puderzucker

1 Päckchen Vanillezucker

Salz

3 Eiweiß

125 g Mehl

200 g Zartbitterkuvertüre

ZUTATEN FÜR CA. 24 STÜCK

140 g weiche Butter
200 g brauner Zucker
50 g Puderzucker
½ TL Salz
2 Eier
350 g Mehl
1 TL Backpulver
1 TL Zimtpulver
100 g gemahlene Haselnüsse
200 g dunkle Schokotropfen
(Chocolate Chips)

Chocolate Chip Cookies
mit Haselnüssen und Zimt

ZUBEREITUNG // 🕐 20 min // 🔥 15 min

1 Den Backofen auf 190 °C vorheizen. Ein Backblech mit Backpapier belegen. Die Butter, den braunen Zucker, den Puderzucker und das Salz in einer Schüssel mit den Quirlen des Handrührgeräts schaumig rühren, bis sich der Zucker aufgelöst hat. Dann die Eier einzeln nacheinander unterrühren.

2 Das Mehl mit dem Backpulver und dem Zimt mischen, über die Buttermasse sieben und alles zu einem Teig verrühren. Zuletzt die Haselnüsse und die Schokotropfen mit dem Teigschaber vorsichtig unter den Teig heben.

3 Von dem Teig mit einem Esslöffel Portionen abnehmen und mit etwas Abstand als kleine Häufchen auf das Backblech setzen.

4 Die Schoko-Cookies im Ofen auf der mittleren Schiene etwa 15 Minuten backen. Herausnehmen und auf einem Kuchengitter vollständig abkühlen lassen. In einer gut verschließbaren Dose kühl und trocken aufbewahren.

Profiteroles
mit Vanillecreme und frischen Beeren

ZUTATEN FÜR CA. 16 STÜCK

Für die Creme
1 Vanilleschote
3 Eigelb
50 g Zucker
15 g Speisestärke
350 ml Milch

Für den Brandteig
60 ml Milch
60 g Butter
½ TL Salz
75 g Mehl
2 Eier

Außerdem
Butter und Mehl für die Bleche
400 g frische Beeren
(z. B. Heidelbeeren,
Brombeeren, Himbeeren)
250 g Zucker

ZUBEREITUNG // 🕐 40 min // 🍽 1 h

1 Für die Creme die Vanilleschote längs halbieren und das Mark mit einem Messer herauskratzen. Eigelb, Zucker, Speisestärke und 150 ml Milch in einer Schüssel mit dem Schneebesen glatt rühren. Die restliche Milch mit dem Vanillemark und der -schote in einem Topf zum Kochen bringen. Die Vanilleschote entfernen. Die Stärkemischung unter Rühren dazugießen und aufkochen lassen. Die Creme in eine Schüssel füllen und einen Bogen Frischhaltefolie direkt darauflegen. Abkühlen lassen.

2 Für den Brandteig die Milch mit 60 ml Wasser, der Butter und dem Salz in einen Topf geben und zum Kochen bringen. Das Mehl auf einmal dazugeben und die Masse mit einem Kochlöffel rühren, bis sich ein Kloß bildet und am Topfboden eine weiße Schicht absetzt. Den Teig in eine Schüssel füllen und die Eier nacheinander unterrühren. Backofen auf 200 °C vorheizen.

3 Zwei Backbleche mit Butter einfetten und mit Mehl bestäuben. Den Teig in einen Spritzbeutel mit Lochtülle (1 cm Durchmesser) füllen und im Abstand von einigen Zentimetern walnussgroße Teighäufchen auf die Bleche spritzen. Die Profiteroles im Ofen auf der mittleren Schiene nacheinander je 20 bis 30 Minuten goldbraun backen. Herausnehmen, seitlich etwas einstechen, damit die heiße Luft entweichen kann, und auf einem Kuchengitter abkühlen lassen.

4 Die Beeren verlesen, waschen und auf Küchenpapier abtropfen lassen. Etwa ein Drittel davon beiseitelegen, die restlichen Beeren mit dem Stabmixer pürieren und nach Belieben mit Puderzucker abschmecken.

5 Die Creme glatt rühren, in einen Spritzbeutel mit kleiner Lochtülle füllen und durch das eingestochene Luftloch in die Profiteroles spritzen.

6 Den Zucker in einem Topf karamellisieren. Die Profiteroles mit der Oberseite in den Karamell tauchen und die Schicht fest werden lassen. Die Profiteroles mit Beeren und Beerensauce anrichten und nach Belieben mit Zitronenverbeneblättern garnieren.

Apfelröllchen
mit Puderzucker und Konfitüre

ZUBEREITUNG // 🕐 40 min // ▤ 25 min

1 Mehl und Backpulver in einer Schüssel mischen. Zucker, Vanillezucker, 1 Prise Salz, Quark, Milch und Öl dazugeben und mit den Knethaken des Handrührgeräts rasch zu einem glatten Teig verarbeiten. Eventuell noch etwas Mehl oder Milch ergänzen.

2 Den Backofen auf 200 °C vorheizen. Die Äpfel waschen, entkernen und in dünne Spalten schneiden. Mit dem Zitronensaft beträufeln.

3 Den Teig zu einer Rolle formen, in etwa 25 gleich große Stücke teilen und daraus jeweils eine Kugel formen. Auf der bemehlten Arbeitsfläche jede Kugel flach zu einem Kreis mit etwa 10 cm Durchmesser ausrollen und mit 1 bis 2 TL Konfitüre bestreichen, den Rand frei lassen. Mit je 1 Apfelschnitz belegen.

4 Das Ei trennen. Die Kreise zu Röllchen zusammenschlagen und die aufeinanderliegenden Teigränder mit etwas Eiweiß bestreichen. Die Ränder fest andrücken. Das Eigelb mit der Sahne verquirlen und die Röllchen damit einstreichen. Die Apfelröllchen im Ofen auf der mittleren Schiene 20 bis 25 Minuten goldbraun backen. Die Apfelröllchen mit Puderzucker bestäubt servieren.

ZUTATEN FÜR CA. 25 STÜCK

400 g Mehl

2 TL Backpulver

70 g Zucker

2 EL Vanillezucker · Salz

150 g Magerquark

120 ml Milch

120 ml Öl

2–3 Äpfel · 1–2 EL Zitronensaft

Mehl für die Arbeitsfläche

ca. 250 g Aprikosenkonfitüre

1 Ei

2–3 EL Sahne

Puderzucker zum Bestäuben

ZUTATEN FÜR 8–10 STÜCK

ca. 300 g Mehl · Salz
120 g Zucker
1 TL Vanillezucker
100 g gemahlene Mandeln
1 Ei
200 g kalte Butter (in Würfeln)
Butter für die Förmchen
Mehl für die Arbeitsfläche
ca. 100 g weiße Kuvertüre
500 g Vanillepudding (siehe S. 21)
ca. 350 g Beeren
(z. B. Himbeeren und Heidelbeeren)
Puderzucker zum Bestäuben
Minzeblättchen zum Garnieren

Beeren-Törtchen
mit Vanillepudding

ZUBEREITUNG // 🕐 40 min // ❄ 1 h // ♨ 15 min

1 Mehl, 1 Prise Salz, Zucker, Vanillezucker, Mandeln, das Ei und die Butter auf der Arbeitsfläche mit dem Messer gut durchhacken. Rasch zu einem glatten Teig verkneten und zu einer Kugel formen. Den Teig in Frischhaltefolie wickeln und 1 Stunde kühl stellen.

2 Den Backofen auf 180 °C Umluft vorheizen. Die Tortelettförmchen (10 cm Durchmesser) einfetten. Den Teig auf der bemehlten Arbeitsfläche ausrollen und Kreise von 12 bis 14 cm Durchmesser ausstechen. Die Förmchen damit auslegen, dabei auch den Rand andrücken. Mit einer Gabel den Boden einige

Male einstechen und im Ofen 12 bis 15 Minuten goldbraun backen. Herausnehmen und vorsichtig aus den Förmchen nehmen. Die Törtchen auskühlen lassen.

3 Die Kuvertüre im heißen Wasserbad schmelzen und die Böden der Törtchen damit bestreichen. Den Pudding nach Packungsanweisung zubereiten und in die Törtchen füllen.

4 Die Beeren verlesen, waschen und trocken tupfen. Auf den Pudding geben, mit Puderzucker bestäuben und die Törtchen mit einigen Minzeblättern garnieren.

Cake Pops
mit Karamell

ZUTATEN FÜR CA. 30 STÜCK

Für den Teig
250 g Butter
60 ml Milch
3 Eier
120 g Zucker
1 EL Vanillezucker
200 g Mehl
3 TL Backpulver
Salz
250 g Puderzucker

Für die Karamellcreme
400 g Sahne
250 g Kandiszucker
60 g Butter

Außerdem
Butter für die Form
Mehl für die Arbeitsfläche
30 Cake-Pop-Stiele
80 g weiße Kuvertüre

ZUBEREITUNG // ⏱ 1 h 30 min // ▤ 40 min // ❄ 30 min

1   Für den Teig den Backofen auf 180°C vorheizen. Eine Kasten-form (24 cm Länge) einfetten. Die Hälfte der Butter mit der Milch in einen Topf geben und die Butter bei schwacher Hitze schmelzen. Leicht abkühlen lassen.

2   Die Eier, Zucker und Vanillezucker in einer Schüssel cremig rühren und die Butter-Milch-Mischung unterrühren. Das Mehl mit dem Backpulver und 1 Prise Salz mischen, portionsweise dazugeben und alles zu einem glatten Teig verrühren. Den Teig in die Form füllen und im Ofen auf der mittleren Schiene etwa 40 Minuten backen. Herausnehmen, aus der Form lösen und auf einem Kuchengitter abkühlen lassen.

3   Die restliche Butter in einer Schüssel mit dem Puderzucker cre-mig rühren. Den Kuchen zerbröseln und mit der Buttercreme verkneten. (Besonders glatt werden die Kugeln, wenn Sie nur das Kucheninnere verwenden.) Den Teig 30 Minuten kühl stellen.

4   Dann den Teig mit dem Nudelholz auf der bemehlten Arbeits-fläche 4 cm breit ausrollen und mit einem Plätzchenausstecher 30 kleine Herzen ausstechen. Oder den Teig mit den Händen zu 30 walnussgroßen Kugeln formen. In jedes Herz oder jede Ku-gel einen Cake-Pop-Stiel stecken und nochmals 30 Minuten kühl stellen.

5   Für die Karamellcreme die Sahne, den Kandis und die Butter in einem Topf bei schwacher Hitze unter gelegentlichem Rühren etwa 30 Minuten einköcheln lassen, bis die Creme hellbraun und leicht dickflüssig ist. Die Creme etwas abkühlen lassen, die Cake Pops darin rundum eintauchen und in Gläsern stehend abkühlen lassen. Praktisch ist auch ein Block aus Styropor, in den man die Cakepops zum Trocknen steckt.

6   Die Kuvertüre hacken und in einer Metallschüssel im heißen Wasserbad schmelzen. Kurz abkühlen lassen, in einen Spritz-beutel mit kleiner Lochtülle füllen und die Cake Pops mit feinen Linien verzieren.

KONFEKT

Schokoladentrüffel

mit Variationen

80 g Zartbitterschokolade
(70 % Kakaoanteil)
80 g Vollmilchschokolade
ca. 60 g Sahne
1 Msp. Vanillemark
2 EL weiche Butter
Kakaopulver zum Wälzen

ZUBEREITUNG // ⏱ 30 min // ❄ 12 h

1 Am Vortag die Schokolade fein hacken und in eine Schüssel geben. Die Sahne mit dem Vanillemark in einem Topf aufkochen und nach und nach unter die Schokolade rühren, bis sich die Schokolade aufgelöst hat. Die Butter dazugeben und die Schokoladenmasse glatt rühren.

2 Die Schokoladencreme in die Vertiefungen einer Mini-Gugelhupf-Pralinenform aus Silikon verteilen (alternativ aus der Masse mit der Hand kleine Kugeln rollen) und mit Frischhaltefolie zugedeckt über Nacht kühl stellen.

3 Am nächsten Tag die Schokoladentrüffel einzeln in Kakaopulver wälzen. Die Trüffel halten sich im Kühlschrank mehrere Wochen.

4 Für Orangen- oder Rosentrüffel geben Sie wenige Tropfen Orangen- oder Rosenöl in die Sahne. Die aromatisierte Sahne nochmals kurz aufkochen und wie oben beschrieben weiterverarbeiten.

5 Für Weihnachtstrüffel 90 g Sahne mit 1 Msp. Lebkuchengewürz langsam zum Kochen bringen und bei schwacher Hitze 1 Minute köcheln lassen. Durch ein Sieb in einen kleinen Topf gießen, die aromatisierte Sahne nochmals kurz aufkochen und wie oben beschrieben weiterverarbeiten.

Mokkatrüffel
mit Kaffeelikör

ZUBEREITUNG // ⏱ 40 min // ❄ 7 h

1 Die Kuvertüre fein hacken. Die Sahne mit dem Kaffeepulver aufkochen und die Kuvertüre darin unter Rühren schmelzen. Den Likör dazugeben und die Masse zugedeckt 6 Stunden kühl stellen.

2 Die Mokkamasse mit dem Schneebesen kurz durchrühren, dann in einen Spritzbeutel mit Lochtülle füllen und als kleine Kugeln auf Backpapier spritzen. Etwas fest werden lassen und falls nötig von Hand rund formen. Die Kugeln etwa 1 Stunde kühl stellen.

3 Für den Überzug die Kuvertüre grob hacken und in einer Schüssel im heißen Wasserbad unter Rühren schmelzen, dabei nicht zu heiß werden lassen. Die Trüffel mithilfe einer Pralinengabel in die Kuvertüre tauchen und den Überzug auf einem Kuchengitter etwas fest werden lassen.

4 Die Pralinen auf dem Gitter hin und her rollen, sodass Spitzen entstehen. Den Überzug vollständig fest werden lassen. Die Trüffel kühl und luftdicht verschlossen aufbewahren.

ZUTATEN FÜR CA. 35 STÜCK

300 g Zartbitterkuvertüre

150 g Sahne

1 EL Instant-Kaffeepulver

5 cl Kahlúa (Kaffeelikör)

Für den Überzug

500 g Zartbitterkuvertüre

ZUTATEN FÜR CA. 24 STÜCK

je 200 g Zartbitter- und
Vollmilchkuvertüre
400 g Kokoschips
3 EL Pistazienkerne

Kokos-Crossies
mit Pistazien

ZUBEREITUNG // ⏱ 30 min // ❄ 1 h

1 Beide Kuvertüren grob hacken und getrennt in zwei Schüsseln im heißen Wasserbad unter Rühren schmelzen.

2 Eine Hälfte der Kokosspäne unter die geschmolzene Zartbitterkuvertüre rühren, die andere unter die Vollmilchkuvertüre.

3 Mit zwei Esslöffeln Portionen abnehmen, kleine Häufchen auf ein Stück Backpapier setzen und etwas fest werden lassen.

4 Die Pistazienkerne im Blitzhacker fein zerkleinern und die Kokos-Crossies damit bestreuen. 1 Stunde kühl stellen und vollständig fest werden lassen. Kühl und luftdicht verschlossen aufbewahren.

Mein Lieblingsrezept für...
Konfekt

SCHOKOLIERTE NÜSSE

🕐 20 min // Für 4 Personen

1 Für die Schokoladenmasse 200 g Zartbitter-kuvertüre grob hacken.

2 Die Kuvertüre in einer Metallschüssel im heißen Wasserbad schmelzen.

3 200 g gemischte geröstete Nüsse und ge-trocknete Früchte (z.B. Haselnüsse, Macada-mianüsse, Rosinen, Cranberrys) in einer Schüssel mischen und die Kuvertüre porti-onsweise über die Nuss-Frucht-Mischung gießen. Dabei ständig rühren, damit sich die Kuvertüre gleichmäßig verteilt.

4 Die schokolierte Nuss-Frucht-Mischung auf einem Bogen Backpapier verteilen, sodass sie möglichst wenig aneinanderkleben, und das Kakaopulver darübersieben. Etwa 30 Minu-ten trocknen lassen.

5 Die schokolierten Nüsse und Früchte nach Belieben in Papiertütchen servieren.

6 Dieses Rezept können Sie ganz nach Ihren Vorlieben variieren: Verwenden Sie verschie-dene Nuss- und Fruchtsorten und ersetzen Sie die Zartbitter- durch weiße oder Voll-milchkuvertüre.

Nougatröllchen

in Pralinentütchen

ZUBEREITUNG // 🕐 20 min

1 Die Kuvertüre grob hacken. Die Kuvertüre in einer Metallschüssel mit der Sahne im heißen Wasserbad erwärmen und unter Rühren darin schmelzen lassen.

2 Die Schokoladensahne aus dem Wasserbad nehmen und kurz abkühlen lassen. Das Nougat in Stücke schneiden und mit der Butter nach und nach unter die Sahne rühren.

3 Die Nougatmasse im kalten Wasserbad cremig rühren. Mithilfe einer Spritztüte mit kleiner Lochtülle in Pralinentütchen füllen und im Kühlschrank fest werden lassen.

ZUTATEN FÜR CA. 12 STÜCK

100 g Zartbitterkuvertüre
50 g Sahne
250 g Nussnougat
2 EL Butter

ZUTATEN FÜR 12–15 STÜCK

200 g Zucker
200 g heller Reissirup
200 g Sahne
3 EL Butter
Öl für das Backpapier

Sahne-Toffee
am Holzstiel

ZUBEREITUNG // 🕐 30 min

1 Den Zucker in einem Topf mit dem Sirup, der Sahne und der Butter aufkochen. Die Mischung unter beständigem Rühren 15 bis 20 Minuten dicklich und goldbraun einkochen lassen. Zur Probe, ob das Toffee fest genug ist, einen Tropfen Karamellmasse in ein Glas mit kaltem Wasser geben. Wird der Tropfen fest, ist das Toffee fertig.

2 Ein Backpapier dünn mit Öl bestreichen und die Toffee-Masse mit einem Löffel in Kreisen (etwa 4 cm Durchmesser) auf das Backpapier geben, je einen Holzstiel in die Mitte legen und das Toffee fest werden lassen.

3 Wer eine Macaronmatte hat, kann das heiße Toffee auch darauf portionieren. So werden alle Toffee-Lutscher gleich groß.

Erdnussbutter-Fudge
mit Schokokaramell

FÜR CA. 50 STÜCK

Butter für die Form
120 g Butter
500 g brauner Zucker
120 ml Milch
175 g cremige Erdnussbutter
Mark von ½ Vanilleschote
375 g Puderzucker
100 g Zartbitterkuvertüre
100 g gehackte Erdnüsse

ZUBEREITUNG // 🕐 40 min // ❄ 3 h

1 Eine flache Kuchenform (20 × 20 cm) einfetten. Die Butter in einem Topf zerlassen. Den braunen Zucker und die Milch unterrühren und die Mischung unter Rühren etwa 2 Minuten sprudelnd kochen lassen. Vom Herd nehmen, dann die Erdnussbutter und das Vanillemark unterrühren.

2 Die Erdnussbutter-Masse mit dem Puderzucker zu einer glatten Masse verarbeiten. Etwa ein Fünftel davon beiseitestellen. Die restliche Fudge-Masse in die Kuchenform füllen und zugedeckt 2 Stunden kühl stellen.

3 Ein Backblech mit Backpapier auslegen. Die Kuvertüre grob hacken und in einer Metallschüssel im heißen Wasserbad schmelzen. Die beiseitegestellte Fudge-Masse dazugeben und gut unterrühren. In einen Spritzbeutel mit glatter Tülle füllen und auf das Backblech Tupfen aufspritzen. Mit den Erdnüssen bestreuen und abgedeckt 1 Stunde kühl stellen.

4 Das Erdnussbutter-Fudge aus der Form stürzen und in gleich große Würfel schneiden. Jeweils 1 Schoko-Karamell daraufsetzen und leicht andrücken.

TIPP *Für eine Variante mit Schuss nach Belieben etwas Rum, Schokoladenlikör oder Vanillelikör unter die geschmolzene Schokolade rühren.*

Gebrannte Mandeln
mit Zimt und Vanille

ZUTATEN FÜR 4 PERSONEN

2 EL Vanillezucker
250 g Zucker
250 g Mandeln
½ TL Zimtpulver

ZUBEREITUNG // ⏱ 15 min

1 In einer beschichteten Pfanne 150 ml Wasser erhitzen und den Vanillezucker und den Zucker einrühren. Die Zuckerlösung einmal aufkochen lassen.

2 Die Mandeln in das Zuckerwasser geben und die Mischung unter ständigem Rühren bei mittlerer Hitze kochen lassen, bis das Wasser vollständig verdampft ist.

3 Die gezuckerten Mandeln unter Rühren goldgelb karamellisieren. Sobald der Zucker geschmolzen ist, mit Zimt bestreuen und unterrühren.

4 Die gebrannten Mandeln auf einem Bogen Backpapier verteilen und ausgebreitet auskühlen lassen.

Mandelkonfekt
mit dunkler Schokolade

ZUTATEN FÜR CA. 60 STÜCK

300 g Mandelstifte
½ Bio-Orange
2 EL kandierter Ingwer
350 g Zartbitterschokolade

ZUBEREITUNG // 🕐 25 min // ❄ 12 h

1 Die Mandelstifte in einer großen Pfanne ohne Fett hellbraun anrösten, herausnehmen und abkühlen lassen. Die Orange heiß waschen, trocken reiben und die Schale fein abreiben. Den Ingwer im Blitzhacker fein zerkleinern.

2 Die Schokolade grob hacken und in einer Metallschüssel im heißen Wasserbad unter Rühren schmelzen. Die Mandeln, die Orangenschale und den Ingwer untermischen.

3 Einen Bogen Backpapier auslegen. Von der Mandelmasse mit zwei Teelöffeln kleine Portionen abnehmen und kleine Häufchen auf das Backpapier setzen. Das Mandelkonfekt über Nacht kühl stellen und fest werden lassen. Am nächsten Tag das Mandelkonfekt in Papier-Pralinenförmchen setzen.

Mini-Baiser
mit Variationen

ZUTATEN FÜR 40 STÜCK

1–2 EL Kürbiskerne
1 EL Pistazienkerne
(ungesalzen)
2 Eiweiß
Salz
1 TL Zitronensaft
120 g Zucker
1 Msp. Vanillemark
1 EL Speisestärke
gemahlener Kardamom zum
Bestreuen
Mohn zum Bestreuen
2–3 EL Himbeermark

ZUBEREITUNG // 🕐 35 min // 🍴 40 min

1 Den Backofen auf 100 °C Umluft vorheizen und zwei Backbleche mit Backpapier belegen. Die Kürbis- und Pistazienkerne
grob hacken. Die Eiweiße mit 1 Prise Salz und dem Zitronensaft zu steifem Schnee schlagen, dabei den Zucker einrieseln
lassen. Das Vanillemark dazugeben und weiterschlagen, bis die
Masse glänzt und Spitzen zieht.

2 Die Stärke unter den Eischnee heben. Die Masse in zwei Portionen teilen. Eine Portion mit einem Teelöffel in kleinen Häufchen auf die Bleche setzen oder in einen Spritzbeutel mit glatter
Lochtülle füllen und in etwa 2 cm großen Tupfen mit etwas
Abstand zueinander auf die Bleche spritzen. Nach Belieben mit
Kardamom, Mohn und gehackten Pistazien oder Kürbiskernen
bestreuen.

3 Unter die übrige Baisermasse das Himbeermark ziehen, dabei
nicht vollständig vermischen, sodass das Baiser marmoriert
bleibt. Die Masse in Häufchen auf das Backblech setzen und
nach Belieben bestreuen.

4 Die Mini-Baisers im Ofen 30 bis 40 Minuten backen, bis die
Oberfläche der Baisers trocken ist. Den Backofen ausschalten
und die Mini-Baisers bei leicht geöffneter Backofentür vollständig auskühlen lassen.

TIPP *Himbeermark kann man ganz leicht selber machen: Die Früchte mit ein
paar Tropfen Zitronensaft und etwas Zucker einmal aufkochen und durch ein Sieb passieren,
um die Kerne zu entfernen (siehe S. 22).*

Ananas-Spitzen
mit Marzipan

ZUTATEN FÜR CA. 40 STÜCK

200 g Marzipanrohmasse

1 Eigelb

100 g gemahlene blanchierte Mandeln

3 EL Mehl

50 g weiche Butter

40 kleine Würfel kandierte Ananas

100 g gehackte blanchierte Mandeln

ZUBEREITUNG // 🕐 35 min

1 Den Backofen auf 200 °C vorheizen. Ein Backblech mit Backpapier belegen. Das Marzipan auf der Küchenreibe in eine Schüssel reiben. Das Eigelb, die gemahlenen Mandeln, das Mehl und die Butter hinzufügen und alles zu einem geschmeidigen Teig verkneten. Den Teig zu einer langen Rolle formen, 40 gleich große Stücke abteilen und zu Kugeln formen.

2 Mit einem Kochlöffelstiel in jedes Stück eine Mulde drücken und 1 Ananaswürfel hineinsetzen. Den Teig um den Würfel herum zu einem Kegel formen und mit der Unterseite in die gehackten Mandeln drücken.

3 Die Teigspitzen auf das Backblech setzen und im Ofen auf der mittleren Schiene etwa 10 Minuten backen, bis die Spitzen leicht hellbraun werden.

4 Die Ananas-Spitzen herausnehmen und auf dem Kuchengitter auskühlen lassen. Zum Aufbewahren luftdicht verpacken, damit das Marzipan nicht austrocknet.

ZUTATEN FÜR CA. 100 STÜCK

1½ kg Quitten
½ kg Äpfel
1 kg Gelierzucker (2:1)
Puderzucker

Quittenbrot
mit Apfel

ZUBEREITUNG // 🕐 30 min // 🍳 5 h

1 Den Backofen auf 160 °C vorheizen. Ein Backblech mit Backpapier auslegen. Die Quitten
mit einem Tuch gründlich abreiben, vierteln
und die Stiel- und Blütenansätze entfernen.
Die Äpfel vierteln, schälen und die Kerngehäuse entfernen. Das Obst auf dem Backblech
verteilen und im Ofen auf der untersten
Schiene etwa 1 Stunde garen. Herausnehmen
und abkühlen lassen.

2 Die weichen Quitten und Äpfel in einem
großen Topf mit dem Stabmixer pürieren.
Den Gelierzucker untermischen, unter Rühren

erhitzen und etwas köcheln lassen. Das Püree
hat die richtige Konsistenz, wenn es sich beim
Umrühren vom Topfboden löst. Die Masse
auf das Backblech streichen und im Ofen bei
50 °C 3 bis 4 Stunden trocknen lassen.

3 Das Quittenbrot nach Belieben mit Aus-
stechförmchen wie Herzen, Sterne oder
Rauten ausstechen oder in Würfel bzw. Rauten schneiden. Zwischen Backpapierlagen
schichten und luftdicht verschlossen aufbewahren. Mit Puderzucker bestäubt servieren.
Passt hervorragend zu Manchego-Käse.

Liebesäpfel
knallrot kandiert

FÜR 4–6 STÜCK

4–6 Äpfel
(z. B. Golden Delicious)
500 g Zucker
1–2 TL Weißweinessig
rote Lebensmittelfarbe nach
Belieben

ZUBEREITUNG // 🕐 30 min

1 Die Äpfel waschen und trocken reiben, die Stiele entfernen und je einen langen stabilen Holzspieß hineinstecken.

2 Den Zucker in einem Topf mit etwa 70 ml Wasser und dem Essig aufkochen und so lange sprudelnd kochen lassen, bis ein zähflüssiger Sirup entsteht. Den Sirup nach Belieben mit Lebensmittelfarbe einfärben.

3 Die Äpfel nacheinander vollständig in den heißen Sirup tauchen, dabei drehen und wenden, bis sie rundum vom Sirup überzogen sind. Etwas abtropfen lassen und zum Auskühlen auf Backpapier setzen.

TIPP *Knallrot, zuckersüß und sehr lecker – mit diesem Rezept findet der Jahrmarkt gleich bei Ihnen zu Hause statt. Solange die Zuckermasse noch nicht ausgehärtet ist, können die kandierten Äpfel noch nach Belieben verziert werden, beispielsweise mit kleinen Zuckerperlen, -herzen oder -streuseln.*

Rote Lollis
selbst gemacht

ZUBEREITUNG // ⏱ 20 min

1   Den Zucker in einem Topf mit 75 ml Wasser
    verrühren und aufkochen. Die Temperatur
    mit einem Zuckerthermometer messen, sobald
    120 °C erreicht sind, die Glukose einrühren.

2   Die Zuckermasse weiterkochen lassen, bis
    154 °C erreicht sind, dann den Topf vom
    Herd nehmen. Das Öl mit der Lebensmittel-
    farbe unterrühren.

3   Die Masse (sehr vorsichtig mit der heißen Zu-
    ckermasse arbeiten!) entweder in Lolli-For-
    men füllen oder in Häufchen auf Backpapier
    tropfen lassen und die Stiele hineinstecken.

4   Die Kirschlollis abkühlen und fest werden
    lassen, dann, falls verwendet, vorsichtig aus
    den Formen lösen.

ZUTATEN FÜR CA. 40 STÜCK

400 g Zucker
250 g Glukosesirup (aus der Apotheke)
1 EL ätherisches Zitronenöl
(kalt gepresst; z. B. von Lavera)
rote Lebensmittelfarbe
Lolli-Stiele

Knuspriges Popcorn
mit Karamellhülle

ZUTATEN FÜR 6–8 PORTIONEN

4 EL Öl

100 g Popcornmais

3 EL Butter

150 g Zucker

4–5 EL Honig

½ TL Salz

ZUBEREITUNG // 🕐 20 min

1 Das Öl in einem weiten Topf mit Deckel (am besten aus Glas) bei mittlerer Hitze erhitzen. Den Mais dazugeben und gleichmäßig auf dem Topfboden verteilen. Den Topf verschließen und den Mais etwa 5 Minuten auspoppen lassen.

2 Sobald das Poppen nachlässt, den geschlossenen Topf kurz kräftig schütteln und warten, bis keine Poppgeräusche mehr zu hören sind. Das Popcorn in eine Schüssel füllen. Nicht geöffnete Maiskörner entfernen. Die Butter mit dem Zucker, dem Honig und dem Salz in einem weiten Topf bei mittlerer Hitze unter Rühren etwa 3 Minuten zu hellem Karamell kochen.

3 Das Karamell über das Popcorn gießen, untermischen und zum Abkühlen auf einem Bogen Backpapier verteilen. Das fertige Karamell-Popcorn mit den Händen in grobe Stücke brechen und servieren.

Kalter-Hund-Kuchen

mit Mandeln

ZUTATEN FÜR 1 KASTEN-FORM (CA. 1,5 L)

600 g Zartbitterschokolade
150 g Kokosfett
200 g Sahne
70 g blanchierte Mandeln
250 g Butterkekse
bunte Zuckerstreusel
zum Garnieren

ZUBEREITUNG // ⏱ 30 min // ❄ 4 h

1 Die Schokolade grob hacken und zusammen mit dem Kokosfett und der Sahne in einer Metallschüssel im heißen Wasserbad unter Rühren schmelzen. Vom Herd nehmen, die Mandeln unterheben und die Schokoladenmasse etwas abkühlen lassen.

2 Die Kekse grob zerbröckeln und unter die abgekühlte Schokolade rühren.

3 Die Kastenform mit Frischhaltefolie auslegen, die Schokoladenmasse hineinfüllen und glatt streichen. Den Kuchen mindestens 4 Stunden kühl stellen.

4 Zum Servieren aus der Form stürzen und die Frischhaltefolie entfernen. Den Kalten-Hund-Kuchen in mundgerechte Stücke schneiden und nach Belieben mit bunten Zuckerstreuseln bestreut verzieren.

5 Dieses Rezept lässt sich toll variieren, indem man statt Mandeln Haselnüsse verwendet und die Butterkekse durch Cantucci (italienische Mandelkekse) ersetzt.

TIPP *Kalter-Hund-Kuchen hält sich im Kühlschrank ein bis zwei Wochen – wenn er bis dahin nicht schon längst aufgefuttert wurde!*

CREMIGES

Schnelle Schokoladenmousse

mit fruchtigem Mangoragout

ZUTATEN FÜR 4 PERSONEN

2 Blatt weiße Gelatine
300 g Sahne
80 ml Milch
55 g Zucker
250 g Zartbitterschokolade
2 Eiweiß
1 Mango
je 1 Bio-Zitrone und -Orange
1 Vanilleschote
1 EL Honig

ZUBEREITUNG // 🕐 25 min // ❄ 1 h

1 Die Gelatine in kaltem Wasser einweichen. In einem Topf 200 g Sahne mit der Milch und 25 g Zucker aufkochen. Die Schokolade in Stücke brechen und bei schwacher Hitze in der heißen Sahnemischung schmelzen.

2 Die Gelatine ausdrücken und in der warmen Sahne-Schoko-Mischung auflösen. Die Eiweiße mit der restlichen Sahne zu der Masse geben und gut untermischen. Die Schokoladenmasse durch ein feines Sieb streichen und auf Zimmertemperatur abkühlen lassen.

3 Die Schokoladenmasse in den Sahnesiphon füllen, eine Sahnekapsel aufschrauben und das Gerät schütteln, die Sahnekapsel wieder herausdrehen. Die zweite Sahnekapsel aufschrauben (diese Kapsel bleibt im Gerät), das Gerät erneut schütteln und 1 Stunde kühl stellen.

4 Die Mango schälen und das Fruchtfleisch vom Stein schneiden. Drei Viertel des Fruchtfleisches in Rauten schneiden, das restliche Fruchtfleisch fein pürieren.

5 Die Zitrone und die Orange heiß waschen, trocken reiben und die Schalen fein abreiben. Die Zitrone auspressen. Die Vanilleschote längs aufschneiden und das Mark mit einem Messer herauskratzen. Den Honig leicht erwärmen.

6 Das Mangopüree mit dem restlichen Zucker, dem Zitronensaft, den Zitrusschalen, dem Vanillemark und dem lauwarmen Honig vermischen. Die Mangostücke darin marinieren.

7 Die Schokoladenmousse und das Mangoragout abwechselnd in Gläser schichten (hierfür den Siphon senkrecht halten) und das Dessert nach Belieben mit kleinen Minzeblättern und Schokoraspeln garnieren.

Heidelbeer-Trifle
mit Joghurt und Zwieback

ZUBEREITUNG // 🕐 25 min

1 Die Heidelbeeren verlesen, waschen und
trocken tupfen. 300 g Heidelbeeren mit
3 EL Zucker, dem Zimt und 1 EL Wasser in
einem Topf aufkochen und zugedeckt etwa
1 Minute dünsten. Dann abkühlen lassen.
Die restlichen Heidelbeeren beiseitelegen.

2 Inzwischen den Joghurt mit dem Mascarpone
glatt rühren. Die Sahne mit dem restlichen
Zucker sehr steif schlagen und unterheben.

3 Den Zwieback grob zerbröseln. Je 1 EL ge-
dünstete Heidelbeeren in Gläser geben und
jeweils eine Lage Zwiebackbrösel und Sahne-
Joghurt-Mischung darauf verteilen. Den
Vorgang wiederholen und mit der restlichen
Joghurtmischung abschließen.

4 Das Heidelbeer-Trifle mit den beiseitegelegten
Heidelbeeren und den Zitronenmelissenblät-
tern garniert servieren.

ZUTATEN FÜR 4 PERSONEN

450 g Heidelbeeren
4 EL Zucker
1 TL Zimtpulver
250 g Naturjoghurt
1 EL Mascarpone
250 g Sahne
4 Zwieback (alternativ Löffelbiskuit oder
andere Kekse)
Zitronenmelissenblätter für die Deko

2 EL Mandelblättchen

6 Aprikosen (oder Nektarinen
oder Pfirsiche; ca. 450 g)

2 EL Butter

3 TL brauner Zucker

2–3 EL Moscato (ital. Dessertwein;
oder Aprikosenlikör)

250 g Sahnequark

150 g Sahnejoghurt

flüssiger Honig (z. B. Akazienhonig)

8 Cantuccini (ital. Mandelkekse)

Aprikosen-Trifle
mit Honigquark

ZUBEREITUNG // 🕐 30 min

1 Die Mandelblättchen in einer Pfanne ohne
Fett goldbraun rösten und herausnehmen.
Die Aprikosen waschen und halbieren, ent-
steinen und die Hälften in Würfel schneiden.

2 Die Butter in der Pfanne erhitzen und die
Aprikosen darin andünsten. Den Zucker darüberstreuen und etwas karamellisieren. Den
Moscato dazugeben, aufkochen lassen und
die Pfanne vom Herd nehmen. Die Aprikosen
lauwarm abkühlen lassen.

3 Den Quark mit dem Joghurt und etwas
Honig in eine Schüssel geben und glatt
rühren. Die Cantuccini mit der Hand oder in
einen Gefrierbeutel gefüllt mit dem Nudelholz
oder einem Topfboden zerdrücken. Die Brösel
in vier Gläser verteilen, die Aprikosen mit der
Flüssigkeit und dann den Honigquark
daraufgeben. Den Trifle mit den Mandelblättchen bestreuen.

Mein Lieblingsrezept für...
cremige Desserts

ORANGEN-PANNA-COTTA

🕐 15 min // ❄ 1 h // Für 4 Personen

1 Für die Panna cotta 4 g Gelatinepulver mit 1 EL kaltem Wasser anrühren. In einem Topf 400 g Sahne erhitzen, 3 EL Zucker und die aufgelöste Gelatine hinzufügen und so lange rühren, bis sich Zucker und Gelatine aufgelöst haben.

2 Die Panna cotta einmal aufkochen lassen und mit 5 Tropfen ätherischem Orangenöl aromatisieren. Die Panna Cotta in kleine Tassen oder Gläschen füllen und mindestens 1 Stunde kühl stellen.

3 Für die Garnitur 2 EL Zartbitterkuvertüre mit einem kleinen Küchenmesser in feine Raspel schneiden.

4 Je 1 TL Orangenmarmelade auf die Panna cotta geben und mit den Schokoladenraspeln bestreut servieren.

Milchreis
mit Zimtzucker und Birnen

ZUTATEN FÜR 4 PERSONEN

Für den Milchreis
125 g Rundkornreis
1 l Milch
3 EL Zucker
Salz
1 Zimtstange
Außerdem
750 g Birnen
50 g Zucker
Saft von 1 Zitrone
1 Zimtstange

ZUBEREITUNG // 🕐 10 min // ▦ 55 min

1 Für den Milchreis den Reis mit der Milch in einem Topf bei schwacher Hitze zum Kochen bringen.

2 Den Zucker, 1 Prise Salz und die Zimtstange dazugeben und den Reis bei schwacher Hitze 45 Minuten ausquellen lassen.

3 Inzwischen die Birnen schälen und halbieren, dabei die Kerngehäuse entfernen. Die Birnenhälften mit dem Zucker, dem Zitronensaft, dem Zimt und 375 ml Wasser in einen Topf geben. Aufkochen und die Birnen bei schwacher Hitze etwa 10 Minuten weich kochen.

4 Die weichen Birnen mit einem Schaumlöffel herausheben und anrichten. Den Sud etwas einkochen lassen, die Zimtstange entfernen und den Sud über die Früchte gießen.

5 Den Milchreis warm oder kalt in tiefen Tellern oder Schälchen anrichten. Den restlichen Zucker mit dem übrigen Zimt mischen und den Milchreis damit bestreuen. Das Birnenkompott dazu servieren.

TIPP *Garen Sie den Milchreis bei schwacher Hitze und rühren Sie ihn immer wieder durch. So setzt er sich nicht am Topfboden fest, brennt nicht an und quillt gleichmäßig.*

Grießbrei
mit Karamellsauce

ZUBEREITUNG // ⏱ 20 min

1 Für den Grießbrei die Milch mit der Sahne, dem Zucker, Vanillezucker und der Zitronenschale in einem Topf zum Kochen bringen. Den Grieß unter Rühren einrieseln lassen und einmal aufkochen. Den Topf vom Herd nehmen und den Grießbrei etwa 10 Minuten zugedeckt quellen lassen.

2 Für das Karamell den Zucker mit 1 Prise Salz und 2 EL Wasser in einer Pfanne schmelzen und karamellisieren lassen.

3 Das flüssige Karamell in vier Gläser füllen und den Grießbrei daraufgeben. Den Grießbrei nach Belieben warm oder kalt servieren.

ZUTATEN FÜR 4 PERSONEN

Für den Grießbrei

½ l Milch

100 g Sahne

4 EL Zucker

1 EL Vanillezucker

1 Msp. Bio-Zitronenschale

100 g Weichweizengrieß

Für das Karamell

60 g Zucker

Salz

ZUTATEN FÜR 4 PERSONEN

Für das Heidelbeerkompott

250 g Heidelbeeren

150 g Zucker

1 TL Gelierzucker

gemahlener Kardamom

1 EL Zitronensaft

Für die gebrannte Creme

75 g Zucker

6 Eigelb

Mark von 1 Vanilleschote

125 ml lauwarme Milch

375 g Crème fraîche

2 EL brauner Zucker

Gebrannte Creme
mit Heidelbeerkompott

ZUBEREITUNG // 🕐 25 min // 🍳 35 min // ❄ 1 h

1   Für das Heidelbeerkompott die Heidelbeeren verlesen, waschen und trocken tupfen. Die Beeren mit der Hälfte des Zuckers in einem Topf aufkochen. Den restlichen Zucker mit Gelierzucker und 1 Prise Kardamom mischen und unter die Beeren rühren. Kompott kurz aufkochen und den Zitronensaft unterrühren. Das Heidelbeerkompott in tiefe ofenfeste Teller füllen und zum Gelieren kühl stellen.

2   Für die gebrannte Creme den Backofen auf 90 °C vorheizen. Den Zucker, die Eigelbe und das Vanillemark in einer Schüssel mischen. Die lauwarme Milch und die Crème fraîche

unterrühren und die Mischung durch ein Sieb gießen. Die Creme über das gelierte Heidelbeerkompott gießen und im Ofen auf der mittleren Schiene 30 bis 35 Minuten backen. Die Creme soll nur stocken, auf keinen Fall kochen. Im Inneren darf sie noch leicht flüssig sein. Die Creme herausnehmen und 1 Stunde kühl stellen.

3   Vor dem Servieren den Backofengrill einschalten. Die Creme mit dem braunen Zucker bestreuen und unter dem Backofengrill karamellisieren. Nach Belieben mit frischen Früchten und Minzeblättern dekorieren.

Vanille-Mohn-Creme
auf Orangensauce

ZUTATEN FÜR 4 PERSONEN

4 große Orangen
50 g Speisestärke
2 EL Orangenlikör
(z. B. Grand Marnier)
1 Vanilleschote
¼ l Milch
4 EL brauner Zucker
250 g Sahne
25 g gemahlener Mohn

ZUBEREITUNG // 🕐 35 min // ❄ 2 h

1 Drei Orangen so großzügig schälen, dass auch die weiße Haut mit entfernt wird, dann die Filets aus den Trennhäuten schneiden. Die restliche Orange auspressen. Den Orangensaft mit 1 EL Speisestärke verrühren und mit den Orangenfilets in einem Topf aufkochen. Bei schwacher Hitze etwa 5 Minuten einkochen lassen, mit dem Orangenlikör abschmecken und warm halten.

2 Die Vanilleschote der Länge nach aufschneiden und das Mark mit einem Messer herauskratzen. 100 ml Milch mit der restlichen Speisestärke und dem braunen Zucker verrühren.

3 Die restliche Milch mit der Sahne, dem Mohn und dem Vanillemark in einem Topf aufkochen. Dann vom Herd nehmen, abkühlen lassen und etwa 5 Minuten in das Tiefkühlfach stellen.

4 Die kalt angerührte Speisestärke unterrühren, die Vanillesahne erneut aufkochen und die Creme etwa 2 Stunden kühl stellen.

5 Die Orangensauce auf Tellern anrichten. Die abgekühlte Vanille-Mohn-Creme in Nocken darauf verteilen und nach Belieben mit Puderzucker bestäubt servieren.

TIPP   *Lust auf andere Aromen? Ersetzen Sie die Vanille durch 3 Rosmarinzweige, 1 Zimtstange oder etwas gemahlene Tonkabohne.*

Quarkcreme
mit Waldfruchtgrütze

ZUTATEN FÜR 4 PERSONEN

100 g Pumpernickel

3–5 EL brauner Zucker

Öl für die Folie

300–500 g gemischte Wald-
beeren (alternativ andere Früchte der Saison)

100–150 g Zucker

ca. 100 ml Schwarzer Johannisbeersaft

2–3 EL Zitronensaft

ca. 1 EL Speisestärke

250 g Speisequark (40 % Fett)

250 g Mascarpone

1 EL Vanillezucker

50–100 g Sahne

100 g Zartbitterschokolade

ZUBEREITUNG // 🕐 1 h

1 Den Pumpernickel grob zerbröseln und in einer Pfanne ohne
Fett kurz anrösten. 2 bis 3 EL braunen Zucker darüberstreuen
und bei mittlerer Hitze karamellisieren. Den Pumpernickel auf
einem Bogen geölter Alufolie verteilen und abkühlen lassen.

2 Die Beeren verlesen, kurz waschen und abtropfen lassen. Mit
2 EL Zucker und dem Saft in einem Topf weich garen, aber
nicht zerkochen. 1 EL Zitronensaft dazugeben. Die Speisestärke
mit etwas kaltem Wasser glatt rühren und die Grütze damit
binden. Ebenfalls abkühlen lassen.

3 Den Quark mit Mascarpone, restlichem Zucker, Vanillezucker,
dem übrigen Zitronensaft und der Sahne zu einer Creme verrühren. (Sie können Vanillezucker auch ganz einfach selber
machen: Dafür 1 ausgekratzte Vanilleschote in ein Schraubglas
geben, mit Zucker auffüllen, verschließen und einige Tage ziehen lassen.) Die Schokolade fein hacken und mit dem karamel-
lisierten Pumpernickel mischen. Den Schoko-Pumpernickel, die
Quarkcreme und die Fruchtgrütze in Dessertgläser schichten.

Buttermilchsuppe
mit Birnen und Backpflaumen

ZUTATEN FÜR 4 PERSONEN

150 g Backpflaumen
1 Bio-Zitrone
2 Birnen
2 Gewürznelken
1 Zimtsplitter
1 l Buttermilch
3 EL Speisestärke
ca. 50 g Zucker
Salz

ZUBEREITUNG // ⏱ 30 min // ☾ 12 h

1 Die Backpflaumen in einer Schüssel in etwas Wasser über Nacht einweichen. Am nächsten Tag die Pflaumen auf einem Sieb abtropfen lassen und in Stücke schneiden.

2 Die Zitrone heiß waschen, trocken reiben und 1 TL Schale fein abreiben. Die Zitrone auspressen. Die Birnen waschen, vierteln, entkernen und in kleine Stücke schneiden. 100 ml Wasser mit dem Zitronensaft, den Gewürznelken und dem Zimtsplitter in einem kleinen Topf aufkochen. Die Birnenstücke hineingeben, einmal kurz aufkochen lassen und aus dem Sud nehmen.

3 Den Birnensud durch ein Sieb gießen und mit Buttermilch, Speisestärke, Zitronenschale, Zucker und 1 Prise Salz in einem Topf verrühren. Die Buttermilchsuppe unter Rühren bei schwacher bis mittlerer Hitze aufkochen und kurz köcheln lassen. Die Suppe eventuell noch mit etwas Zucker abschmecken.

4 Backpflaumen und Birnen in der Suppe erwärmen. Die Buttermilchsuppe in tiefen Tellern anrichten, nach Belieben mit grob zerbröseltem Schwarzbrot oder gerösteten Nüssen bestreuen.

Schwarzwaldbecher
mit Mascarpone und Sauerkirschen

ZUTATEN FÜR 4 PERSONEN

400 g Sauerkirschen
(tiefgekühlt)
100 g Mascarpone
2 EL Vanillezucker
4 cl Kirschwasser (alternativ
Kirschsaft)
3 Eiweiß
80 g Zucker
je ½ Bio-Zitrone und -Orange
50 g brauner Zucker
1 Zimtstange
3 Sternanis
1 EL Gewürznelken
1 EL Speisestärke
150 g Schokoladenbiskuitboden
(Fertigprodukt; vom Bäcker)
50 g dunkle Schokoladenraspel

ZUBEREITUNG // 🕐 1 h

1 Die Sauerkirschen auftauen und auf einem Sieb abtropfen lassen, dabei die Flüssigkeit auffangen. Es sollte etwa 400 ml Flüssigkeit ergeben. Falls nötig, mit Rotwein oder Kirschsaft auffüllen.

2 Den Mascarpone mit 1 EL Vanillezucker und dem Kirschwasser glatt rühren. Die Eiweiße mit dem Zucker sehr steif schlagen, dann unter die Mascarponemasse heben.

3 Die Zitrone und die Orange heiß waschen, trocken reiben und die Schalen fein abreiben. Die Früchte auspressen, die Zitronenschale und die Zitrussäfte unter die Mascarponemasse rühren.

4 Den braunen Zucker in einem Topf karamellisieren und mit dem Sauerkirschsaft ablöschen. Die Orangenschale, die Gewürze und den restlichen Vanillezucker dazugeben. Den Saft einkochen lassen und die ganzen Gewürze wieder entfernen.

5 Die Speisestärke mit wenig kaltem Wasser anrühren und die Kirschsauce damit binden. Die Kirschen hinzufügen, einmal aufkochen und dann auskühlen lassen.

6 Den Biskuitboden in grobe Stücke zerbröseln. Die Hälfte des Biskuits auf vier Dessertgläser verteilen und jeweils die Hälfte des Sauerkirschragouts und der Mascarponecreme daraufschichten. Den Vorgang mit Schokobiskuitbröseln beginnend wiederholen und die Schwarzwaldbecher zuletzt mit den Schokoraspeln bestreuen. Mit Süßkirschen und Schokoladenraspeln bestreuen.

TIPP *Statt Kirschen schmecken auch Heidelbeeren, Erdbeeren oder Johannisbeeren. Klassisch ist aber die Kombination mit Kirsche; die Farben Rot (Kirsch), Braun (Schokolade) und Weiß (Creme) ahmen übrigens die Tracht der „Schwarzwaldmädel" nach.*

Luftiger Quark
mit Heidelbeeren

ZUBEREITUNG // ⏱ 20 min // ❄ 20 min

1 Die Heidelbeeren waschen, trocken tupfen und gut abtropfen lassen. Den Quark mit der Milch, dem Zucker und dem Limettensaft in eine Schüssel geben und mit dem Schneebesen glatt rühren.

2 Die Heidelbeeren – einige Beeren zum Garnieren beiseitelegen – in einen hohen Rührbecher füllen und mit dem Stabmixer fein pürieren. Das Heidelbeerpüree unter den Quark rühren.

3 Die Eiweiße in einem Rührbecher mit dem Handrührgerät steif schlagen. Den Eischnee mit dem Schneebesen unter den Heidelbeerquark mischen. Das Dessert in dekorative Gläser oder Schälchen verteilen und etwa 20 Minuten kühl stellen.

4 Den Quark zum Servieren mit den restlichen Heidelbeeren garnieren.

ZUTATEN FÜR 4 PERSONEN

200 g Heidelbeeren

500 g Magerquark

150 ml fettarme Milch

125 g Zucker

2 EL Limettensaft

2 Eiweiß

1 Zitrone
4 EL Zucker
300 g Himbeeren
4 EL Grenadinesirup
8 EL zerstoßenes Eis
8 cl weißer Tequila
4 cl Cointreau
8 EL Joghurt

Himbeer-Joghurt-Creme

mit Schuss

ZUBEREITUNG // ⏱ 15 min

1 Die Zitrone auspressen und den Saft in einen Suppenteller gießen. 2 EL Zucker ebenfalls in einen Suppenteller geben. Die Ränder von vier kleinen Gläsern in den Zitronensaft und anschließend in den Zucker tauchen.

2 Die Himbeeren waschen, trocken tupfen und in einem Rührbecher mit dem Stabmixer pürieren. Das Beerenpüree durch ein feines Sieb streichen, um die Kerne zu entfernen.

3 Das Beerenpüree mit dem Grenadinesirup, dem restlichen Zucker, zerstoßenem Eis, übrigem Zitronensaft, Tequila und Cointreau im Küchenmixer vermischen. Den Joghurt dazugeben und die Himbeer-Joghurt-Creme noch 1 Minute kräftig mixen.

4 Die eiskalte Himbeer-Joghurt-Creme in die vorbereiteten Gläser füllen und sofort servieren. Nach Belieben langstielige Löffel dazu reichen.

Berliner Luft
mit gemischten Beeren

ZUTATEN FÜR 4 PERSONEN

250 g Erdbeeren
je 80 g Himbeeren
und Heidelbeeren
1 EL Puderzucker
2 cl Orangenlikör
1½ Blatt Gelatine
3 Eier
2 EL Weißwein
70 g Zucker
4 EL Zitronensaft
Salz

ZUBEREITUNG // 🕐 30 min

1 Die Erdbeeren waschen und putzen. 80 g kleine Erdbeeren beiseitelegen, die restlichen Beeren in einem Rührbecher mit dem Stabmixer pürieren und durch ein Sieb streichen. Die Himbeeren und Heidelbeeren waschen und trocken tupfen.

2 Die beiseitegestellten Erdbeeren mit den Himbeeren und den Heidelbeeren mischen und etwa 2 EL Beeren für die Garnitur beiseitelegen. Die restlichen Beeren mit der Erdbeersauce mischen und mit Puderzucker und Orangenlikör abschmecken.

3 Die Gelatine in kaltem Wasser einweichen. Die Eier trennen. Den Wein mit 45 g Zucker, dem Zitronensaft und den Eigelben in einen Topf geben und unter ständigem Rühren aufkochen. Die Gelatine gut ausdrücken und unter Rühren in der heißen Weinmischung auflösen.

4 Die Eiweiße mit dem restlichen Zucker und 1 Prise Salz zu einem cremigen Schnee schlagen. Ein wenig Eischnee abnehmen und unter die Zitronenmasse rühren. Dann die Zitronenmasse zum Eischnee geben und vorsichtig unterheben.

5 Die marinierten Beeren auf Dessertgläser verteilen und mit der Creme bedecken, mit den beiseitegelegten Beeren und nach Belieben Minzeblättern garnieren.

TIPP *„Berliner Luft" ist ein Dessert mit langer Tradition, bereits Ende des 19. Jahrhunderts war die leichte Creme sehr beliebt. Die Creme schmeckt noch besser, wenn man sie vor dem Servieren gut 1 Stunde kühl stellt. Dann wird sie etwas fester, und ihre luftige Konsistenz kommt besonders gut zur Geltung.*

Frozen Yogurt
mit Marshmallows

ZUBEREITUNG // 🕐 10 min // 💧 12 h // ❄ ca. 30 min

1 Ein feines Sieb mit Küchenpapier auslegen und das Sieb in einen tiefen Teller stellen. Den Joghurt in das Sieb füllen und kühl gestellt über Nacht abtropfen lassen.

2 Am nächsten Tag den Joghurt in einer Schüssel mit dem Vanillemark und dem Zucker cremig rühren. Die Eiweiße mit 1 Prise Salz zu steifem Schnee schlagen und unter die Joghurtcreme ziehen.

3 Die Joghurtmischung entweder in einer Eismaschine cremig rühren oder alternativ im Tiefkühlfach gefrieren lassen (dabei alle

30 Minuten durchrühren, damit sich keine großen Eiskristalle bilden).

4 Den Frozen Yogurt zum Servieren auf Dessertschälchen verteilen und mit den Mini-Marshmallows bestreut servieren. Als Alternative beim Topping sind der eigenen Fantasie keine Grenzen gesetzt: Schoko-, Karamell- oder Fruchtsaucen eignen sich genauso wie Streusel oder Krokant.

ZUTATEN FÜR 4 PERSONEN

500 g Magermilchjoghurt
Mark von ½ Vanilleschote
75 g Zucker
2 Eiweiß
Salz
bunte Mini-Marshmallows

ZUTATEN FÜR 4 PERSONEN

250 g Erdbeeren
2–3 EL Puderzucker
40 g kalte weiße Schokolade
800 ml Vanilleeis

Spaghetti-Eis
mit Erdbeeren und weißer Schokolade

ZUBEREITUNG // ⏱ 15 min

1 Die Erdbeeren waschen, abtropfen lassen und putzen. Die Früchte mit dem Puderzucker in einen hohen Rührbecher geben und mit dem Stabmixer fein pürieren. Die Schokolade fein raspeln.

2 Das Vanilleeis portionsweise durch die Spätzlepresse in Dessertschälchen oder -teller drücken. Die Erdbeersauce darauf verteilen und die Schokoraspel darüberstreuen.

3 Für grüne Spaghetti einfach anstelle von Vanilleeis Pistazieneis durch die Spätzlepresse drücken und die Erdbeeren durch Himbeeren ersetzen. Für rote Spaghetti mit Pesto statt Vanilleeis Erdbeer- oder Himbeereis durch die Spätzlepresse drücken und als Sauce ein „Pesto" aus Pistazien und Minze servieren, das mit etwas Mineralwasser und Puderzucker püriert und mit Zitronensaft und -schale abgeschmeckt wird.

Gefrorener Guglhupf
mit Haselnusskrokant

ZUTATEN FÜR 6–8 PERSONEN

Für den Haselnusskrokant

70 g Zucker

50 g Sahne

80 g gehackte Haselnüsse

Für den Guglhupf

100 g getrocknete Früchte

(z. B. Datteln, Feigen, Rosinen)

2 EL Rum

2 Eier

50 g Honig

1 Päckchen Vanillezucker

320 g Sahne

ZUBEREITUNG // ⏱ 50 min // ❄ 6 h

1 Für den Haselnusskrokant Zucker, 50 g Sahne und 2 EL Wasser in einem Topf aufkochen. Sobald die Zuckersahne karamellisiert, die Haselnüsse unterrühren. Alles flach auf einem Bogen Backpapier verstreichen und abkühlen lassen.

2 Für den Guglhupf die getrockneten Früchte in einer Schüssel mit dem Rum beträufeln und mindestens 10 Minuten ziehen lassen.

3 Die Eier trennen. Die Eiweiße zu steifem Schnee schlagen. Den Honig aufkochen, bis er Blasen schlägt und in einem feinen Strahl unter den Eischnee rühren, bis eine glänzende, cremige Masse entsteht.

4 Die Eigelbe, den Vanillezucker und 2 EL Sahne in einer Metallschüssel im heißen Wasserbad so lange schlagen, bis die Creme fest wird. Abkühlen lassen. Die restliche Sahne steif schlagen. Die Vanillecreme unter die Sahne rühren. Die Vanillesahne nach und nach unter den Honig-Eischnee heben.

5 Das Haselnusskrokant sehr fein hacken oder im Blitzhacker mahlen. Zwei Drittel davon unter die Eismasse heben.

6 Den Boden einer großen Gugelhupfform oder von sechs bis acht kleinen Gugelhupfformen mit etwas Haselnusskrokant ausstreuen und die Hälfte der Eismasse darin verteilen. Mit den getrockneten Früchten bestreuen und mit der restlichen Creme bedecken. Den restlichen zerstoßenen Krokant darüberstreuen und die Eismasse im Tiefkühlfach etwa 6 Stunden gefrieren lassen. Den gefrorenen Guglhupf vor dem Servieren stürzen und nach Belieben mit Krokant garnieren.

TIPP *Für kleinere Portionen füllen Sie die Eiscreme z.B. in Eis-am-Stiel-Formen oder in Eiswürfelbehälter – die gibt es in verschiedenen Formen im Handel.*

FRUCHTIGES

Rote Grütze
mit Beeren und Kirschen

ZUTATEN FÜR 4 PERSONEN

50 g Perlsago
600 g gemischte Beeren
(z. B. Erdbeeren, Himbeeren,
Brombeeren, Johannisbeeren)
200 g Kirschen
1 Vanilleschote
200 ml Rotwein
200 ml Roter Johannisbeersaft
200 ml Kirschsaft
75 g Zucker
Saft von 1 Zitrone
1 Zimtstange
4 EL saure Sahne
50 g Mandelblättchen

ZUBEREITUNG // 🕐 40 min // 💧 20 min

1 Den Perlsago 20 Minuten in Wasser einweichen. Die Beeren verlesen, waschen und trocken tupfen. Die Johannisbeeren mit einer Gabel von den Rispen streifen. Die Erdbeeren putzen. Die Kirschen waschen und entsteinen.

2 Die Vanilleschote längs aufschneiden. Den Wein mit den beiden Säften in einen Topf geben. Mit 60 g Zucker, der Vanilleschote, dem Zitronensaft und der Zimtstange aufkochen. Ein Viertel der Beeren und den Sago unterrühren. Die Grütze bei schwacher Hitze etwa 15 Minuten köcheln lassen, bis der Sago durchsichtig ist und bindet.

3 Dann die restlichen Früchte dazugeben und vom Herd nehmen. Die Grütze unter gelegentlichem Rühren abkühlen lassen. Die Vanilleschote und die Zimtstange wieder entfernen.

4 Die saure Sahne mit dem restlichen Zucker glatt rühren. Die Mandelblättchen in einer Pfanne ohne Fett hell rösten. Die Grütze in Schälchen füllen und je 1 Klecks saure Sahne daraufsetzen. Die Grütze mit Mandeln bestreut servieren. Nach Belieben mit frischen Beeren und Kirschen garnieren.

TIPP   *Perlsago oder Sago sind geschmacksneutrale pflanzliche Kügelchen zum Binden von Grützen, Puddings oder Suppen. Es wird aus der Stärke der Sagopalme oder des Manioks hergestellt.*

Rotweinbirnen
mit dunkler Schokomousse

ZUBEREITUNG // 🕐 50 min // 💧 24 h // ❄ 2 h

1 Am Vortag die Birnen halbieren, schälen und die Kerngehäuse mit einem Kugelausstecher entfernen. Den Puderzucker in einem Topf karamellisieren und mit Port- und Rotwein ablöschen. Den Saft und den Zucker unterrühren. Die Gewürze und Zitrusschalen hinzufügen und den Sud aufkochen.

2 Die Birnen dazugeben und in dem Sud knapp unter dem Siedepunkt 10 Minuten ziehen lassen. Birnen herausnehmen. Stärke mit Wasser glatt rühren und den kochenden Sud damit binden. Durch ein Sieb gießen, den Likör hinzufügen und die Birnen dazugeben. Die Birnen zugedeckt 1 Tag ziehen lassen.

3 Für die Mousse die Kuvertüre hacken und in einer Metallschüssel im heißen Wasserbad unter Rühren schmelzen. Ei und Eigelb in einer Schüssel im heißen Wasserbad schaumig schlagen. Kuvertüre, Rum und Weinbrand unterrühren. Die Masse lauwarm abkühlen lassen, dann die Sahne unterheben. Die Mousse zugedeckt 2 Stunden kühl stellen. Mit zwei Esslöffeln von der Masse Nocken abstechen und zu den Birnen servieren.

ZUTATEN FÜR 4 PERSONEN

Für die Birnen

4 reife, feste Birnen

1 EL Puderzucker

100 ml Portwein

¼ l Rotwein

¼ l Schwarzer Johannisbeersaft

100 g Zucker

Mark von 1 Vanilleschote

2 Streifen Bio-Orangenschale

1 geh. EL Speisestärke

4 cl Cassislikör

Für die Mousse

180 g Zartbitterkuvertüre

1 kleines Ei · 1 Eigelb

1–2 TL Rum

1–2 TL Weinbrand

400 g geschlagene Sahne

Birne Helene
mit Schokoladensauce

ZUTATEN FÜR 4 PERSONEN

150 ml Weißwein
(alternativ die Apfelsaftmenge
verdoppeln)
150 ml Apfelsaft
3 EL Zucker
1 Vanilleschote
2 reife, feste Birnen
200 g Sahne
100 g Zartbitterschokolade
4 Kugeln Vanilleeis

ZUBEREITUNG // 🕐 40 min

1 Den Wein, den Saft und den Zucker in einen Topf geben. Die Vanilleschote längs aufschneiden und das Mark herauskratzen, beides hinzufügen. Die Flüssigkeit zum Kochen bringen. Die Birnen halbieren, schälen und die Kerngehäuse entfernen. Die Birnenhälften in den Vanillesud legen, aufkochen lassen und den Topf von der Herdplatte nehmen. Die Birnen zugedeckt etwa 10 Minuten gar ziehen lassen.

2 In einem kleinen Topf die Sahne erhitzen. Die Schokolade hacken und in der Sahne schmelzen. Nach Belieben 2 EL Birnenbrand unterrühren. Die Schokosauce etwas abkühlen lassen.

3 Die Birnenhälften aus dem Sud nehmen und mit je 1 Kugel Vanilleeis in Dessertschalen anrichten. Etwas Schokosauce darübergießen, die restliche Sauce separat dazu servieren.

Schokobananen
mit Nüssen

ZUTATEN FÜR 4 PERSONEN

4 Bananen
200 g Vollmilchkuvertüre
200 g Zartbitterkuvertüre
2 EL gehackte Haselnüsse
Eistiele aus Holz

ZUBEREITUNG // 🕐 15 min

1 Die Bananen schälen. Die Kuvertüre grob hacken und in einer Metallschüssel im heißen Wasserbad schmelzen.

2 Die Bananen zur Hälfte oder ganz in die Kuvertüre tauchen bzw. darin wenden. Noch feucht mit den Haselnüssen bestreuen und auf einem Bogen Backpapier trocknen lassen.

3 Die Eistiele an einer Bananenseite hineinstecken und gut gekühlt servieren.

4 Für Abwechslung verschiedene Früchte wie Erdbeeren, Weintrauben oder Melone abwechselnd auf einen langen Holzspieß aufspießen und wie beschrieben in der Schokolade wenden.

TIPP *Dieses Dessert eignet sich, leicht abgewandelt, auch toll für den Grill: Dafür die Bananen in der Schale längs aufschneiden, mit der gehackten Schokolade füllen und in Alufolie wickeln. Bei indirekter Hitze 20 Minuten grillen und direkt aus der Schale löffeln.*

Mango-Maracuja-Salat
mit Kokossahne

ZUTATEN FÜR 4 PERSONEN

1 große reife Mango
2 Maracujas
einige Minzeblätter
3 EL Limettensaft
1 EL brauner Zucker
2 TL Kokoschips
(oder Kokosraspel)
100 g Mascarpone
100 ml Kokosmilch
(gut gekühlt)
100 g Sahne
1 Päckchen Vanillezucker

ZUBEREITUNG // 🕐 20 min

1 Die Mango schälen, das Fruchtfleisch auf den flachen Seiten vom Stein schneiden und in Würfel schneiden. Die Passionsfrüchte halbieren, die Kerne mit einem Löffel herauslösen und in einer Schüssel mit der Mango mischen.

2 Die Minzeblätter waschen, trocken tupfen und fein hacken. Den Limettensaft und den Zucker mit der Minze verrühren und unter die Früchte mischen.

3 Die Kokoschips in einer Pfanne ohne Fett goldbraun rösten.

4 Den Mascarpone mit der Kokosmilch in einer Schüssel glatt rühren. Die Sahne mit dem Vanillezucker steif schlagen und unterheben. Den Mango-Maracuja-Salat auf Dessertellern oder in Gläsern anrichten, die Kokossahne darüber verteilen und mit den Kokoschips bestreuen.

Obstsalat
mit Cranberrys

ZUTATEN FÜR 4 PERSONEN

3 Pfirsiche
2 Birnen
2 Äpfel
2 Orangen
40 g getrocknete Cranberrys
1 EL Puderzucker
Physalis zum Garnieren

ZUBEREITUNG // 🕐 15 min // ⏳ 20 min

1 Die Pfirsiche waschen, halbieren und entsteinen. Die Birnen und die Äpfel jeweils waschen, halbieren, die Kerngehäuse entfernen und das Fruchtfleisch in Würfel schneiden.

2 Die Orangen so großzügig schälen, dass auch die weiße Haut mit entfernt wird. Die Filets zwischen den einzelnen Trennhäuten herausschneiden, den austretenden Saft dabei auffangen. Eine Orange in mundgerechte Stücke schneiden, die zweite Orange auspressen.

3 Den Orangensaft in einer Schüssel mit dem vorbereiteten Obst, den Cranberrys und dem Puderzucker mischen und 20 Minuten ziehen lassen. Den Obstsalat auf Tellern anrichten und mit Physalis garniert servieren.

4 Den Obstsalat nach Belieben noch mit einem passenden Sirup oder Likör (z.B. Grand Marnier) aromatisieren.

Mein Lieblingsrezept für...
fruchtige Desserts

APFELTIRAMISU MIT MANDELKROKANT

🕐 25 min // Für 4–6 Gläser

1 Für das Tiramisu 50 g gezuckerte Löffelbiskuits (alternativ Butterkekse, Cantuccini oder Amarettini) in Größe der Gläser brechen und hineingeben.

2 200 g Apfelmus (selbst gemacht oder aus dem Glas) nach Belieben mit 1 EL Calvados verrühren und auf den Keksen verteilen.

3 In einer Schüssel 200 g Mascarpone mit 5 EL Magerquark, 3 EL Puderzucker und dem Mark von ½ Vanilleschote verrühren. 100 g Sahne steif schlagen und unter die Mascarponecreme heben.

4 Die Mascarponereme in einen Spritzbeutel mit kleiner Lochtülle füllen und je 1 Schicht Mascarponecreme auf das Apfelmus spritzen.

5 Für das Mandelkrokant 100 g Zucker in einer beschichteten Pfanne karamellisieren, 5 EL Mandelstifte unter Rühren dazugeben, im Karamell wenden, auf einem Bogen Backpapier verteilen und auskühlen lassen. Das Mandelkrokant zerkleinern, mit etwas Zimtpulver bestäuben und die Mascarponecreme damit garnieren.

4

5

Überbackener Rhabarber
mit Vanillesauce

ZUBEREITUNG // ⏱ 20 min // ▦ 30 min

1 Für die Vanillesauce 50 ml Milch mit der Speisestärke, dem Zucker und dem Vanillepulver verrühren. In einem Topf die restliche Milch zum Kochen bringen. Die Vanillemilch in die kochende Milch geben und unter ständigem Rühren kurz weiterkochen. Die Sauce vom Herd nehmen, abkühlen lassen und gelegentlich umrühren, damit sich keine Haut bildet.

2 Den Rhabarber putzen, waschen, falls nötig schälen und in 1 bis 2 cm lange Stücke schneiden. Den Rhabarber in vier gebutterte Förmchen (12 bis 14 cm Durchmesser) füllen und mit dem Zucker bestreuen.

3 Den Backofen auf 200 °C vorheizen. Für die Streusel die Butter in einem Topf zerlassen. Butter, Mehl, Haferflocken, Mandeln, Cornflakes, Zucker und 1 Prise Salz zu Streuseln verkneten und über dem Rhabarber verteilen.

4 Den Rhabarber im Ofen auf der mittleren Schiene 20 bis 30 Minuten backen. Den noch heißen Rhabarber auf Dessertteller verteilen und mit der Vanillesauce servieren.

ZUTATEN FÜR 4 PERSONEN

Für die Vanillesauce

½ l Milch

2 EL Speisestärke

3 EL brauner Zucker

½ TL Vanillepulver

Für den Rhabarber

500 g Rhabarber

Butter für die Förmchen

2 EL Zucker

Für die Streusel

150 g Butter

150 g Mehl

65 g zarte Haferflocken

65 g Mandelblättchen

65 g Cornflakes

100 g Zucker

Salz

ZUTATEN FÜR 4 PERSONEN

4 EL Zucker
20 g Ingwer
1 Bund Minze
1 Stück Bio-Limettenschale
½ Granatapfel
1 Ananas

Ananas
mit Granatapfelkernen

ZUBEREITUNG // 🕐 20 min // 💧 12 h

1 Am Vortag 100 ml Wasser mit dem Zucker erhitzen und kurz köcheln lassen. Dann den Topf vom Herd nehmen.

2 Den Ingwer schälen und fein reiben. Die Minze waschen und trocken schütteln, die Blätter abzupfen und – bis auf ein paar Blätter für die Deko – fein hacken. Beides mit der Limettenschale in den Sirup geben und zugedeckt über Nacht kühl stellen.

3 Am nächsten Tag die Granatapfelkerne herauslösen. Die Ananas vierteln und den Strunk herausschneiden. Die Ananasviertel

schälen, in hauchdünne Scheiben schneiden und auf Tellern oder einer Platte anrichten.

4 Den Sirup durch ein feines Sieb gießen und über die Ananasscheiben träufeln.

5 Das Ananasscheiben mit den Granatapfelkernen bestreuen und mit den restlichen Minzeblättern garnieren.

Erdbeer-Bananen-Püree
mit Mascarponecreme

ZUTATEN FÜR 4 PERSONEN

400 g Erdbeeren
1 EL Zitronensaft
3 EL Zucker
1 EL Grand Marnier
(franz. Orangenlikör)
1 sehr frisches Ei
150 g Mascarpone
200 g Sahne
1 Banane

ZUBEREITUNG // 🕐 35 min

1 Die Erdbeeren waschen, putzen und klein schneiden. Mit dem Zitronensaft, 1 EL Zucker und dem Orangenlikör marinieren.

2 Das Ei trennen. Das Eiweiß steif schlagen, dabei 1 EL Zucker einrieseln lassen. Das Eigelb und den restlichen Zucker hell-schaumig schlagen und den Mascarpone unterrühren.

3 Die Sahne steif schlagen und unter die Mascarponemasse heben. Zuletzt den Eischnee unterheben und die Mascarpone-creme bis zum Servieren kühl stellen.

4 Die Banane schälen, klein schneiden und mit den marinierten Erdbeeren mischen. Von den Früchten 4 EL für die Deko beisei-telegen. Den Rest mit dem Stabmixer nur grob pürieren und in Dessertgläser füllen.

5 Die Mascarponecreme auf dem Erdbeer-Bananen-Püree verteilen und mit den beiseitegelegten Früchten garnieren. Nach Belieben mit Löffelbiskuits servieren.

TIPP *Wenn Kinder mitessen, sollten Sie die Erdbeeren mit Orangensaft marinieren. Probieren Sie zur Abwechslung ein Ananas-Mango-Püree, verfeinert mit Kokoslikör.*

Himbeerpüree

mit Joghurt und Minze

ZUBEREITUNG // 🕐 20 min // ❄ 1 h

1 Die Himbeeren waschen und trocken tupfen. Vier Himbeeren für die Garnitur beiseitelegen, den Rest in einem hohen Rührbecher mit dem Stabmixer pürieren. Das Fruchtpüree durch ein feines Sieb streichen.

2 Die Sahne in einem hohen Rührbecher mit den Quirlen des Handrührgeräts steif schlagen.

3 Die Eigelbe in einer Schüssel mit den Quirlen des Handrührgeräts cremig schlagen. Zuerst den Zucker und das Vanillemark, dann das Himbeerpüree, den Frischkäse und den

Joghurt unterrühren. Zuletzt die geschlagene Sahne unter die Creme heben.

4 Die Himbeercreme in Cocktailgläser oder Dessertschalen füllen und 1 Stunde kühl stellen.

5 Das Dessert mit Minzeblättern und 1 Himbeere garnieren. Das Baiser in kleine Stücke brechen und über die Himbeercreme streuen.

ZUTATEN FÜR 4 PERSONEN

150–200 g Himbeeren

100 g Sahne

2 Eigelb

100 g Zucker

1 Msp. Vanillemark

50 g Frischkäse

50 g Naturjoghurt

Minzeblätter

1 Baiser (ca. 15 g; siehe S. 89)

100 g ungesalzene Pistazienkerne
1 Vanilleschote
250 g Mascarpone
3 EL Orangensaft
2 EL Limettensaft
4 EL Puderzucker
2 TL Vanillezucker
100 g Sahne
400 g Melonenfruchtfleisch (z. B. Honig -,
Charentais- oder Wassermelone)
500 g Erdbeeren
4 Nektarinen

Fruchtspieße
mit Pistaziendip

ZUBEREITUNG // 🕑 15 min

1 Für den Dip die Pistazien sehr fein hacken.
Die Vanilleschote der Länge nach aufschneiden und das Mark mit einem Messer herauskratzen.

2 Den Mascarpone mit dem Orangen- und dem
Limettensaft verrühren. Pistazien, Vanille-
mark, Puder- und Vanillezucker unterrühren.
Die Sahne steif schlagen und mit einem
Schneebesen unterziehen.

3 Das Melonenfruchtfleisch gegebenenfalls entkernen und in etwa 3 cm große Würfel
schneiden. Die Erdbeeren waschen, putzen
und trocken tupfen. Die Nektarinen waschen
und das Fruchtfleisch in Spalten vom Stein
schneiden.

4 Die Früchte im Wechsel auf 10 Holzspieße
stecken und die Fruchtspieße mit dem Pistaziendip anrichten.

Aprikosen
mit Amarettini-Schnee

ZUTATEN FÜR 4 PERSONEN

4 Eiweiß
Salz
Saft von 2 Limetten
100 g Amarettini
(ital. Mandelkekse)
12 Aprikosen
200 g griechischer Joghurt
4 EL brauner Zucker
4 EL Pinienkerne
Puderzucker zum Bestäuben

ZUBEREITUNG // ⏱ 30 min

1 Den Backofen auf 200 °C vorheizen. Die Eiweiße mit 2 Prisen Salz zu sehr steifem Schnee schlagen, dabei nach und nach die Hälfte des Limettensafts unterrühren. Die Amarettini in einen Gefrierbeutel füllen und mit dem Nudelholz fein zerbröseln. Unter den Eischnee mischen.

2 Die Aprikosen kreuzweise einritzen und kurz überbrühen. Die Aprikosen häuten, halbieren und entsteinen.

3 Die Aprikosenhälften mit der Schnittfläche nach oben in eine ofenfeste Form legen und den Amarettini-Schnee jeweils darauf verteilen. Die Früchte im Ofen auf der mittleren Schiene 6 bis 7 Minuten backen, bis das Baiser braune Spitzen hat.

4 Inzwischen für die Sauce den Joghurt mit dem restlichen Limettensaft und dem Zucker verrühren. Die Pinienkerne mit dem Messer fein zerkleinern.

5 Die Limetten-Joghurt-Sauce auf Dessertteller verteilen und die überbackenen Aprikosen daraufsetzen. Mit den gehackten Pinienkernen bestreuen, mit Puderzucker bestäuben und nach Belieben mit einigen Amarettini dekorieren.

TIPP *Auf die gleiche Weise können Sie auch Pfirsiche zubereiten. Außerhalb der Saison oder für eine schnelle Variante verwenden Sie einfach Früchte aus der Dose.*

Apfel-Kirsch-Crumble
mit Haferflocken

ZUBEREITUNG // 🕐 20 min // ▦ 30 min

1 Den Backofen auf 180 °C Umluft vorheizen.
Eine ofenfeste Form einfetten. Für das Obst
die Äpfel waschen und vierteln, dabei die
Kerngehäuse entfernen. Die Apfelviertel in
kleine Stücke schneiden.

2 Die Kirschen waschen und entsteinen. Apfel-
stücke und Kirschen mit dem Zucker und
dem Zitronensaft mischen und gleichmäßig in
der Form verteilen.

3 Für die Streusel die Haferflocken mit Zucker,
Mehl und Zimt mischen. Die Butter dazugießen und die Mischung zu Streuseln verarbeiten. Die Streusel über den Früchten verteilen
und im Ofen auf der mittleren Schiene 25 bis
30 Minuten goldbraun überbacken.

4 Den Apfel-Kirsch-Crumble herausnehmen,
leicht abkühlen lassen und nach Belieben mit
Vanillesauce (siehe S. 136) oder Eis servieren.

ZUTATEN FÜR 4 PERSONEN

Für das Obst
2 Äpfel
400 g Kirschen
2 EL brauner Zucker
Saft von ½ Zitrone
Für die Streusel
75 g kernige Haferflocken
75 g Zucker
75 g Vollkornmehl
1 Msp. Zimtpulver
100 g flüssige Butter
Außerdem
weiche Butter für die Form

ZUTATEN FÜR 4 PERSONEN

8 Platten Blätterteig (tiefgekühlt)
2 Birnen (halbiert und geschält)
50 g gehackte Mandeln
50 g Marzipanrohmasse
2–3 EL Puderzucker

Birnen im Schlafrock

mit Marzipan und Sahne

ZUBEREITUNG // ⏱ 25 min // ▤ 20 min

1 Die Blätterteigplatten auf der Arbeitsfläche nebeneinander auftauen lassen. Für die Teigform auf 4 Teigplatten je 1 Birnenhälfte legen. Den Teig in Birnenform ausschneiden, dabei einen 2 cm breiten Rand stehen lassen.

2 Für die Deckel die Birnenhälften auf die übrigen Teigplatten setzen, erst wie oben beschrieben ausschneiden und anschließend den 2 cm breiten Rand ausschneiden. Die Ränder auf die Formen legen und rundum festdrücken. Die Teigdeckel mit der von der Birne angefeuchteten Seite in die Mandeln drücken.

3 Den Backofen auf 200 °C vorheizen. Das Marzipan in kleine Würfel schneiden und mit den restlichen Mandeln verkneten. Die Birnenhälften mit der Marzipanmasse füllen, in die Teigformen setzen, den Teigdeckel mit der Mandelseite nach innen daraufsetzen und etwas andrücken. Im Ofen auf der mittleren Schiene 20 Minuten backen.

4 Herausnehmen und dick mit Puderzucker bestäuben. Den Backofengrill einschalten, die Birnen wieder in den Ofen schieben und den Zucker unter dem Grill hellbraun karamellisieren. Nach Belieben mit Sahne servieren.

Marinierte Erdbeeren
mit Minze

ZUTATEN FÜR 4 PERSONEN

500 g Erdbeeren
4 Stiele Minze
2 EL brauner Zucker
Saft von 1 Zitrone
4 cl Orangenlikör
ca. 400 ml Sekt

ZUBEREITUNG // 🕐 15 min // ❄ 1 h

1 Die Erdbeeren waschen und putzen. 6 große Beeren beiseitelegen und die restlichen Beeren in Scheiben schneiden.

2 Die Minze waschen und trocken tupfen, 1 Stiel zum Garnieren beiseitelegen, von den anderen Stielen die Blätter abzupfen und in feine Streifen schneiden.

3 Die Erdbeerscheiben in einer Schüssel mit der Minze, dem Zucker, dem Zitronensaft und dem Likör mischen und mindestens 1 Stunde kühl stellen.

4 Die übrigen Erdbeeren in einem hohen Rührbecher mit dem Stabmixer pürieren. Das Erdbeerpüree kurz vor dem Servieren auf vier Sektgläser verteilen, die marinierten Erdbeeren dazugeben und mit eiskaltem Sekt auffüllen. Mit der Minze garnieren und sofort servieren.

TIPP *Statt Orangenlikör passt auch Limetten- oder Holunderblütensirup (am besten selbst gemacht, siehe S. 152). Das Erdbeerpüree schmeckt leicht angefroren herrlich frisch.*

GETRÄNKE

Erdbeer-Kokos-Drink
mit Limette

ZUTATEN FÜR 4 PERSONEN

250 g Erdbeeren
1 Limette
2 EL Kokossirup
400 ml Kokoswasser
20 Eiswürfel
Mineralwasser
(mit Kohlensäure)

ZUBEREITUNG // 🕐 10 min

1 Die Erdbeeren waschen und putzen. Die Limette halbieren und den Saft auspressen.

2 Die Erdbeeren mit dem Limettensaft und dem Sirup im Küchenmixer oder mit dem Stabmixer fein pürieren. Das Kokoswasser dazugeben und kurz mit untermixen.

3 Die Eiswürfel auf vier Gläser verteilen, den Erdbeer-Kokos-Drink darübergießen und mit Mineralwasser auffüllen. Nach Belieben mit Erdbeeren garnieren.

4 Für einen Milchshake die Erdbeeren und den Limettensaft statt mit Kokoswasser mit Milch, Buttermilch oder Kokos-Mandelmilch pürieren. Das Mineralwasser dabei weglassen.

5 Für ein Lassi statt Kokoswasser 200 g Naturjoghurt und stilles Mineralwasser verwenden.

TIPP *Zur Abwechslung einmal Himbeeren statt Erdbeeren verwenden oder beides mischen. Statt Kokossirup kann man auch Kokosblütenzucker oder ein anderes Süßungsmittel wie Reissirup oder Agavendicksaft verwenden.*

Holunderblütensirup
mit Zitrone

ZUBEREITUNG // 🕐 15 min // 🍳 10 min // 💧 2 d

1 Die Holunderblütendolden vorsichtig aus-
schütteln und verlesen, dabei lange Stängel
abschneiden. Die Bio-Zitrone heiß waschen
und in Scheiben schneiden. Blütendolden und
Zitronenscheiben in eine Schüssel füllen.

2 Den Zucker mit 800 ml Wasser unter Rühren
langsam aufkochen und bei mittlerer Hitze
etwa 10 Minuten köcheln lassen.

3 Vom Herd nehmen, lauwarm abkühlen lassen
und über die Holunderblüten gießen. Die

Schüssel zudecken und die Mischung etwa
2 Tage an einem dunklen, kühlen Ort ziehen
lassen.

4 Den Sirup durch ein saubereres Geschirrtuch
oder ein sehr feines Sieb in einen Topf gießen.
Die Zitrone halbieren, auspressen, zum Sirup
geben und unter Rühren aufkochen. Den
Holundersirup in heiß ausgespülte Flaschen
füllen und gut verschlossen aufbewahren.

ZUTATEN FÜR CA. 1 L SIRUP

6–8 Holunderblütendolden
1 Bio-Zitrone
600 g Zucker
1 Zitrone

ZUTATEN FÜR 4 PERSONEN

2 EL getrocknete Hibiskusblüten
(ersatzweise Hibiskustee)
24 Eiswürfel
Zucker
1 Bio-Zitrone

Hibiskus-Eistee
mit Zitrone

ZUBEREITUNG // 🕐 15 min // ❄ 30 min

1 Die Hibiskusblüten in einem Teesieb in einer
Teekanne mit ¾ l kochendem Wasser übergießen und 10 Minuten ziehen lassen. Den Tee
etwas abkühlen lassen und die Hälfte der Eiswürfel dazugeben – so behält der Tee seine
leuchtend rote Farbe.

2 Den Tee nach Geschmack mit Zucker süßen
und abschmecken. Im Kühlschrank etwa
30 Minuten vollständig abkühlen lassen.

3 Die restlichen Eiswürfel in Gläser füllen. Die
Zitrone heiß waschen, trocken reiben und
halbieren. 4 dünne Scheiben abschneiden und
jeweils 1 Scheibe in ein Glas geben. Die Zitro-
nenhälften auspressen und den Saft in den
Tee rühren.

4 Den Hibiskuseistee über die Eiswürfel gießen
und servieren.

Mein Lieblingsrezept für...
Limonade

ZITRONEN-INGWER-LIMONADE

🕐 30 min // Für ca. 175 ml Sirup

1 Für die Limonade 3 Zitronen auspressen.

2 Ein walnussgroßes Stück Ingwer schälen und in Scheiben schneiden.

3 In einem Topf 100 ml Wasser mit 100 g Zucker und dem Ingwer zum Kochen bringen und kochen lassen, bis sich der Zucker aufgelöst hat. Vom Herd nehmen, abkühlen lassen und den Ingwer wieder entfernen.

4 Den Ingwersirup mit 150 ml Zitronensaft und eiskaltem Mineralwasser aufgießen und mit einigen Blättern Zitronenmelisse und Eiswürfeln servieren.

Möhren-Birnen-Saft
mit Aprikosen

ZUBEREITUNG // 🕐 25 min

1 Die Aprikosen kreuzweise einritzen, überbrühen, kalt abschrecken, häuten, halbieren und entsteinen.

2 Die Möhren putzen, schälen und in Würfel schneiden. Die Birnen waschen, vierteln und die Kerngehäuse entfernen. Möhren und Birnen im Entsafter entsaften. Oder beides auf der Gemüsereibe fein reiben und durch ein feines Sieb streichen.

3 Die Orangen und die Zitrone halbieren und den Saft auspressen. Zitrussäfte, Möhren-Birnen-Saft und Aprikosen im Küchenmixer oder mit dem Stabmixer durchmixen und mit dem Sanddornsirup süßen.

4 Den Möhren-Birnen-Saft auf vier Gläser verteilen und nach Belieben mit stillem oder Mineralwasser verdünnen.

ZUTATEN FÜR 4 PERSONEN

8 Aprikosen

500 g Möhren

2 Birnen

2 Orangen

1 Zitrone

2–3 EL Sanddornsirup

ZUTATEN FÜR 4 PERSONEN

300 g dunkle Süßkirschen
200 g Dickmilch
500 g Buttermilch
gemahlener Kardamom
2 EL Agavendicksaft

Kirsch-Smoothie
mit Buttermilch und Kardamom

ZUBEREITUNG // 🕐 15 min

1 Die Kirschen waschen, entstielen, halbieren und entsteinen.

2 Die Kirschen mit der Dickmilch, der Buttermilch, 1 Prise Kardamom und dem Agavendicksaft im Küchenmixer oder mit dem Stabmixer fein pürieren.

3 Den Kirsch-Smoothie nach Geschmack mit Agavendicksaft nachsüßen und auf vier Gläser verteilen.

4 Der Kirsch-Smoothie schmeckt auch mit Sauerkirschen, dann die Menge an Agavendicksaft je nach Fruchtsüße erhöhen.

Maibowle
mit Waldmeister

1 Bund Waldmeister
3 Bio-Limetten
½ Salatgurke
1 l trockener Weißwein
1 l trockener Sekt

ZUBEREITUNG // 🕐 10 min // ❄ 30 min

1 Den Waldmeister an den Stielen zusammenbinden und entweder einige Stunden anwelken lassen oder für kurze Zeit in das Tiefkühlfach legen.

2 Die Limetten heiß waschen, die Gurke waschen, trocken reiben und beides in Scheiben schneiden. Den Weißwein in ein Bowlengefäß oder eine große Schüssel füllen, die Limetten- und Gurkenscheiben dazugeben und die Waldmeisterblätter kopfüber hinein-hängen. Dazu am besten die zusammengebundenen Stiele des Waldmeister an einem Kochlöffelstiel befestigen. Bitte nur die Blätter eintauchen, die Stiele enthalten Bitterstoffe. Den Kochlöffelstiel über den Rand der Bowlenschüssel legen. Die Bowle 30 Minuten im Kühlschrank ziehen lassen.

3 Den Waldmeister wieder entfernen und die Bowle mit dem gut gekühlten Sekt aufgießen. Auf Gläser verteilen und nach Belieben mit einigen frischen Blättern Zitronenmelisse garnieren.

4 Für eine alkoholfreie Variante die Maibowle anstatt mit Wein mit Apfelsaft ansetzen.

TIPP *Sein typisches Aroma erhält der Waldmeister vom Cumarin, das sich beim Welken oder Einfrieren entfaltet. Größere Mengen können Kopfschmerzen verursachen, deshalb sollten Kinder und Schwangere auch auf die alkoholfreie Variante besser verzichten.*

Kalte Schokomilch
mit Kaffee und Eis

ZUBEREITUNG // 🕐 25 min // ❄ 30 min

1 Für die Deko die Kuvertüre grob hacken und in einer Schüssel im heißen Wasserbad unter Rühren schmelzen lassen. Die geschmolzene Kuvertüre auf ein Stück Backpapier geben und mit einer Palette oder einem breiten Messer etwa 2 mm dick verstreichen.

2 Sobald die Schokolade fest zu werden beginnt, mit einem breiten Messer oder einem Spatel in Röllchen vom Papier schaben.

3 Die Milch in einem Topf bei schwacher Hitze erwärmen. Die Schokolade fein hacken. Mit dem Kaffeepulver zur Milch geben und unter Rühren schmelzen lassen. Die Schokoladenmilch etwas abkühlen lassen und zugedeckt 30 Minuten kühl stellen.

4 Die Sahne mit dem Zucker in einem hohen Rührbecher steif schlagen. Je 1 Kugel Schokoladeneis auf gut gekühlte Gläser verteilen. Die kalte Schokomilch darübergießen und je 1 Klecks geschlagene Sahne daraufsetzen.

5 Die kalte Schokoladenmilch mit den Schokoröllchen garnieren.

ZUTATEN FÜR 2–4 PERSONEN

50 g Vollmilchkuvertüre
½ l Milch
100 g Zartbitterschokolade
½ TL Instant-Kaffeepulver
50 g Sahne · 1 TL Zucker
4 Kugeln Schokoladeneis

ZUTATEN FÜR 4–6 PERSONEN

1 Vanilleschote
¾ l Milch
150 g Zartbitterschokolade
1 kleine Chilischote
Salz · ca. 3 EL Honig

Heiße Schokolade
mit Chili und Honig

ZUBEREITUNG // 🕐 20 min

1 Die Vanilleschote der Länge nach aufschneiden und das Mark mit einem Messer herauskratzen. Die Milch mit der Vanilleschote und dem Mark in einem Topf kurz aufkochen lassen. Die Vanilleschote wieder entfernen.

2 Die Schokolade fein hacken. In einem Topf ¼ l Wasser erhitzen, aber nicht kochen lassen. Die Schokolade darin unter Rühren schmelzen lassen. Die geschmolzene Schokolade mit dem Schneebesen in die heiße Vanillemilch rühren.

3 Die Chilischote längs halbieren, entkernen, waschen und in feine Würfel schneiden.

4 Die Chili mit 1 Prise Salz in die Schokomilch rühren und nach Geschmack mit dem Honig süßen. Die heiße Schokolade auf Tassen verteilen und sofort servieren.

Heiße Schokolade
mit Lavendelblüten

ZUTATEN FÜR 2 PERSONEN

60 g Vollmilchschokolade mit
Lavendel (aus dem
Schokoladenladen)
300 ml Milch
1 EL Zucker
50 g Sahne
Kakaopulver zum Bestäuben

ZUBEREITUNG // 🕐 10 min

1 Die Schokolade fein hacken. Mit der Milch und dem Zucker
in einen Topf geben und bei schwacher Hitze unter Rühren
schmelzen lassen.

2 Die Sahne in einem hohen Rührbecher halbsteif schlagen. Die
heiße Schokoladenmilch kurz mit dem Schneebesen aufschlagen.

3 Die heiße Schokolade auf Tassen verteilen und je 1 Klecks
Sahne daraufsetzen. Die Schokolade durch ein feines Sieb
mit Kakao bestäuben und nach Belieben mit unbehandelten
getrockneten Lavendelblüten garnieren.

TIPP   *Lavendel sollte man in der Küche nur sparsam verwenden, da er einen
sehr intensiven, aber wunderbar aromatischen, leicht süßlichen Duft verströmt. Die Blüten
sollen eine beruhigende Wirkung haben.*

Glühwein

mit Varianten

ZUTATEN FÜR 1 LITER

½ Bio-Orange
8 Kardamomkapseln
1 l trockener Rotwein
5 Gewürznelken
1 Zimtstange
2 Sternanis
Zucker
gehäutete Mandeln und Rosinen
zum Servieren

ZUBEREITUNG // 🕐 10 min // 🌙 1 h

1 Die Orange heiß waschen und trocken reiben. Die Schale mit dem Sparschäler abschälen. Die Kardamomkapseln andrücken. Den Wein in einen Topf geben. Kardamom, Gewürznelken, Zimtstange, Sternanis und die Orangenschale hinzufügen. Den Gewürzwein mindestens 1 Stunde ziehen lassen.

2 Den Glühwein mit den Gewürzen erhitzen, aber nicht zum Kochen bringen, und mit Zucker abschmecken.

3 Einige Mandeln und Rosinen in Gläser verteilen. Den Glühwein durch ein feines Sieb in die Gläser füllen.

4 Für weißen Glühwein den Rotwein durch Weißwein ersetzen.

5 Für Teepunsch statt des Weins starken Schwarztee verwenden. Nach Belieben kann man den Teepunsch mit 1 Schuss Weinbrand oder Rum verfeinert servieren.

6 Für weißen Punsch statt Rotwein Birnensaft verwenden. Wer will, der serviert den weißen Punsch mit 1 Klecks Schlagsahne auf jedem Glas.

TIPP *Glühwein sollten Sie nie über 80 °C erhitzen, weil der Wein ansonsten verdampfen würde. In Schweden genießt man den dort beliebten Glögg übrigens gern mit einem zusätzlichem Schuss Hochprozentigem.*

Register

A

Amerikaner mit Zitronenglasur 58
Ananas mit Granatapfelkernen 137
Ananas-Spitzen mit Marzipan 90
Apfel-Kirsch-Crumble mit Haferflocken 144
Apfelkücherl mit Konfitüre 38
Apfelröllchen mit Puderzucker und
    Konfitüre 70
Apfelstrudel mit Rosinen 44
Apfeltiramisu mit Mandelkrokant 134
Aprikosen mit Amarettini-Schnee 142
Aprikosensauce 23
Aprikosen-Trifle mit Honigquark 103
Arme Ritter mit Kokosraspeln 48

B

Beeren-Törtchen mit Vanillepudding 71
Berliner Luft mit gemischten Beeren 118
Birne Helene mit Schokoladensauce 129
Birnen im Schlafrock mit Marzipan und
    Sahne 145
Biskuit 17
Blätterteigschnecken mit Ricottafüllung 52
Brownies mit Walnüssen 60
Buchteln auf Erdbeersauce 30
Buttermilchsuppe mit Birnen und
    Backpflaumen 113

C

Cake Pops mit Karamell 72
Chocolate Chip Cookies mit Haselnüssen
    und Zimt 67
Creme brûlée 21

D/E

Dampfnudeln 15
Doughnuts in Zuckerhülle 59
Erdbeeren, marinierte, mit Minze 146
Erdbeer-Bananen-Püree mit Mascarponecreme 139
Erdbeer-Kokos-Drink mit Limette 150
Erdnussbutter-Fudge mit Schokokaramell 84

F

Frozen Yogurt mit Marshmallows 120
Fruchtspieße mit Pistaziendip 141

G

Gebrannte Creme mit Heidelbeerkompott 109
Gebrannte Mandeln mit Zimt und Vanille 86
Gefrorener Guglhupf mit Haselnusskrokant 123
Glühwein mit Varianten 164
Grießbrei mit Karamellsauce 108

H

Heidelbeer-Trifle mit Joghurt und Zwieback 102
Heiße Schokolade mit Chili und Honig 161
Heiße Schokolade mit Lavendel 163
Hibiskus-Eistee mit Zitrone 153
Himbeer-Joghurt-Creme mit Schuss 117
Himbeerpüree mit Joghurt und Minze 140
Holunderblütensirup mit Zitrone 152

K/L

Kaiserschmarren mit Apfelstrudeleis 32
Kalter-Hund-Kuchen mit Mandeln 96
Kartoffel-Pancakes mit Himbeeren 35
Katzenzungen mit Schokolade 66
Kirsch-Smoothie mit Buttermilch und
    Kardamom 157

Knuspriges Popcorn mit Karamellhülle 95
Kokos-Crossies mit Pistazien 79
Krapfen mit Erdbeerfüllung 45
Küchlein mit Himbeeren 62
Liebesäpfel knallrot kandiert 92
Lollis, rote, selbst gemacht 94
Luftiger Quark mit Heidelbeeren 116

M/N

Maibowle mit Waldmeister 159
Mandeln, gebrannte, mit Zimt und Vanille 86
Mandelkonfekt mit dunkler Schokolade 87
Mango-Maracuja-Salat mit Kokossahne 132
Marinierte Erdbeeren mit Minze 146
Milchreis mit Zimtzucker und Birnen 106
Mini-Baiser mit Variationen 89
Mini-Joghurtmuffins mit Erdbeer-Rhabarber-
    Ragout 64
Möhren-Birnen-Saft mit Aprikosen 156
Mokkatrüffel mit Kaffeelikör 78
Nougatröllchen in Pralinentütchen 82

O

Obstsalat mit Cranberrys 133
Ofenschlupfer mit Aprikosen und Vanillecreme 37
Orangen-Panna-Cotta 104

P

Pfannküchlein mit Brombeerquark 31
Popcorn, knuspriges, mit Karamellhülle 95
Profiteroles mit Vanillecreme und frischen
    Beeren 69

Q

Quark, luftiger, mit Heidelbeeren 116
Quarkcreme mit Waldfruchtgrütze 112
Quarknocken mit Zimtbrösel 42
Quittenbrot mit Apfel 91

R

Reisauflauf mit Zwetschgen 47
Rhabarber, überbackener, mit Vanillesauce 136
Rohrnudeln mit Vanillesauce 28
Rosenkekse mit Zuckerguss 63
Rote Grütze mit Beeren und Kirschen 126
Rotweinbirnen mit dunkler Schokomousse 128

S

Sahne-Toffee am Holzstiel 83
Scheiterhaufen mit Zimt und Zucker 49
Schokobananen mit Nüssen 130
Schokolade, heiße, mit Chili und Honig 161
Schokolade, heiße, mit Lavendel 163
Schokoladenmousse, schnelle, mit fruchtigem
    Mangoragout 100
Schokoladentrüffel mit Variationen 76
Schokolierte Nüsse 80
Schokomilch, kalte, mit Kaffee und Eis 160
Schwarzwaldbecher mit Mascarpone und Sauer-
    kirschen 114
Schweineöhrchen mit rosa Kuvertüre 54
Spaghetti-Eis mit Erdbeeren und weißer
    Schokolade 121

T

Topfenknödel mit Aprikosenröster 40
Topfenschmarren mit Johannisbeeren 34

V

Vanille-Mohn-Creme auf Orangensauce 111
Vanillepudding 21
Versoffene Jungfern (Kleine Küchlein in
    Weinsud) 55

Z

Zimtschnecken mit Haselnüssen 56
Zitronen-Ingwer-Limonade 154
Zitronensorbet 23
Zwetschgenknödel mit Vanillesauce 39

Bildnachweis

UMSCHLAG

Eising Studio|Food Photo & Video
(Rezept Seite 40–41)

INNENTEIL

S. Braun: 26–27, 29, 41; W. Cimbal: 23 (o.); S. Eising:
17, 19 (o.), 20 (u.), 22 (o.), 34, 119; S. Eising, M.
Görlach: 2–3; FoodPhotography Eising: 6–7, 10–11;
C. Friese: 42–43, 52–53, 63, 80–81, 104–105, 134–
135, 154–155; C. Gödke: 77, 122, 137, 148–149, 165;
B. Gölling: 4–5, 15, 23 (u.), 31, 36, 55, 65, 101, 109,
110, 112, 128, 136; A. Kramp/B. Gölling: 44, 113, 115,
140, 143; A. Schütz: 8–9, 12–25; Ch. R. Schulz: 8–9,
12–25; Sporrer/Skowronek: 33; Teubner Foodfoto
GmbH: 162; J.-P. Westermann: 2–3, 21 (u.), 68, 103,
121, 124–125, 129, 132; M. Wissing: 41;
STOCKFOOD:

K. Arras: 45; S. Babicka: 22 (u.); Bayside: 62, 116;
H. Bischof: 16 (u.), 127; B. Bonisolli: 25 (u.);
O. Brachat: 14 (u.); S. Brooks-Dammann: 91;
R. Castilho: 70; A. Dinner: 13 (l.); Eising|Food, Photo
& Video: 21 (o.), 38, 48, 49, 74–75, 85, 107, 138,
160; S. Eising: 50–51, 58, 67, 78, 141, 145; E. Fenot:
147; M. O. Finley: 54; Foodografix: 152;
FoodPhotography Eising: 30, 35, 57, 66; I. Garlick:
156, 157; Gräfe & Unzer Verlag/ J. Liebenstein: 82;
Great Stock!: 131; P. Gross: 12 (u.), 13 (r.);
E. Gründemann: 144; S. Hempel: 20 (o.);
E. Hildebrandt: 120; R. Hippel: 25 (M.u.); A. Huerta:
25 (o.); U. Kerth: 16 (o.); D. King: 61; J. Kirchherr: 59;
Kröger & Gross: 25 (M.o.); B. Lawton/A. Geralnik:
86; S. Linsell: 151; Maximilian Stock Ltd.: 16 (o.);
Ch. Meier: 87; Molly: 133; R. Osborne: 24 (u.);
PhotoCuisine/ J.-Chr. Riou: 12 (o.), 93;
PhotoCuisine/P. L. Viel: 83; Reavell Creative Ltd.: 19
(u.); D. Reiter: 73; J.-Chr. Riou: 108; J. Saunders: 95;
G. Scarlini: 117; U. Schersch: 88; M. Schindler: 158;
A. Schliack: 161; Sporrer/Skowronek: 153; B. Sporrer:
79; K. Stiepel: 46, 98–99, 102; F. Taube: 94; S. Vogt:
90; wawrzyniak.asia: 71; J.-P. Westermann: 24 (o.);
M. Wissing: 14 (o.), 39; T. Zouev: 97;

DIE REZEPTSYMBOLE

🕐 – Zubereitungszeit

🍲 – Garzeit

⏳ – Wartezeit

❄ – Kühlzeit

🌑 – Einweich-/Marinierzeit

© 2016 **ZS Verlag GmbH**
Kaiserstraße 14 b
D-80801 München

ISBN 978-3-89883-593-0
1. Auflage 2016

Projektleitung: Katinka Holupirek,
Eva-Maria Hege
Rezepte & Texte: Michaela Baur
Redaktionelle Mitarbeit: Martina Solter
Grafische Gestaltung: Irene Schulz
Fotografie: siehe Bildnachweis
Herstellung: Peter Karg-Cordes
Producing: Jan Russok
Druck & Bindung: optimal media Gmbh, Röbel

Die ZS Verlag GmbH ist ein Unternehmen
der Edel AG, Hamburg.
www.zsverlag.de | www.facebook.com/zsverlag

Auf den Geschmack gekommen?

Echt exotisch

Anna Cavelius
Echt Orient
€ [D] 9,99
978-3-89883-592-3

Echt frisch

Michael Koch
Echt Vegan
€ [D] 9,99
978-3-89883-446-9

Echt wärmend

Michaela Baur
Echt Winterküche
€ [D] 9,99
978-3-89883-497-1

Echt mediterran

Marianne Zunner
Echt Italien
€ [D] 9,99
978-3-89883-524-4

Gleich weiterlesen!

Jetzt überall,
wo es gute Bücher gibt.